從早餐到晚餐
經濟學 藏在你的
每一餐

三餐之中藏著制度！
從吃，看見經濟邏輯

許澤暉 著

THE ECONOMICS OF EATING

一個簡單的排骨便當，藏著整套經濟學的運作邏輯；
你的選擇不只是吃什麼，
更是被誰「設計」去吃什麼！

目 錄

第一章
選擇的滋味：
你今天為什麼想吃這一口？　　005

第二章
價格是怎麼冒出來的？
便當漲價的背後邏輯　　041

第三章
被影響的味蕾：
當社群決定你今天吃什麼　　071

第四章
誰設計了你的選擇？
當菜單變成心理操控工具　　101

第五章
吃到飽的真相：
自助餐裡的風險與幻想　　133

目錄

第六章
背後的供應鏈：
你吃的每一口來自哪裡？　　165

第七章
制度與誘因：
你付的錢有多少是給人、給制度？　　201

第八章
公共與公平：
吃飯這件事怎麼變成國家大事？　　233

第九章
食材的真實代價：
從產地到鍋邊的成本公式　　265

第十章
食安風暴與信任經濟：
吃得安全誰說了算？　　301

第一章

選擇的滋味：
你今天為什麼想吃這一口？

第一章　選擇的滋味：你今天為什麼想吃這一口？

第一節
早餐店的抉擇：什麼叫機會成本？

每天早上，當你站在早餐店前面，望著牆上的菜單，從蛋餅、三明治到蘿蔔糕，一個念頭總在腦海浮現：「今天要吃哪一個好呢？」

這聽起來不過是再平常不過的生活瑣事，但如果你曾學過一點經濟學，就會知道這個看似簡單的選擇，其實蘊含了經濟學中最根本的概念 —— 機會成本（opportunity cost）。

➡ 日常選擇的兩難局：一餐只能選一種

我們來看一個小故事。小雅每天早上八點準時上班，她平常會提早十分鐘出門，到巷口的連鎖早餐店買早餐。她最愛兩種組合：「火腿蛋三明治配紅茶」和「九層塔蛋餅配奶茶」。前者價格 55 元，後者 60 元。某天，她帶的零錢只有 60 元，只能擇一。

她站在櫃檯前猶豫良久，最終選了蛋餅加奶茶。當她坐下來開始享用早餐時，腦中突然浮現一個念頭：「如果剛剛選三明治，我現在是不是比較不口渴？」

第一節　早餐店的抉擇：什麼叫機會成本？

這個掙扎，其實就是機會成本的最好例證。當你選擇一個選項時，你放棄的，就是那個「次佳選擇」所能帶給你的所有好處。在小雅的例子裡，她選擇了蛋餅＋奶茶，那麼她的機會成本，就是她沒有選的三明治組合所能提供的美味、飽足感或紅茶的清爽口感。

➡ 機會成本，不只是錢的問題

許多人誤以為經濟學只在計算金錢，其實經濟學研究的是「資源的分配」，而資源不只有金錢，還包括時間、注意力、體力，甚至是情感上的滿足。

回到小雅的例子，她若不是受限於金錢，也可能受限於時間。如果她今天早上會議提前，必須在五分鐘內完成購買與用餐，那麼她就會選擇「現成可以馬上拿」的品項，而非「現煎要等」的蛋餅。在這種情況下，她的「時間」成了稀缺資源，而時間的使用選擇就形成了新的機會成本。

再換個例子。你決定在家煮早餐而不是下樓買，這看似省了 50 元，但你花了 20 分鐘準備和清洗，那麼這 20 分鐘本來可以做什麼？你本來可以用這段時間練瑜珈、追一集影集、或提早準備簡報。這些你放棄的所有可能性，才是你的「真實成本」。

第一章　選擇的滋味：你今天為什麼想吃這一口？

➡ 經濟學不是教你省，而是教你權衡

理解機會成本，並不是為了讓你不敢花錢，而是幫你更有意識地去做選擇——知道你捨棄的是什麼，才能真正做出不後悔的選擇。

以小吃攤經營者來說，許多攤販老闆都會面對一個經營抉擇：要不要延長營業時間來做晚餐場？這個決定不是只看晚餐能賺多少，而是要看晚上出來擺攤所放棄的時間——也許是陪小孩寫功課、也許是自己的休息時間。這些隱性成本，才是經濟行為中常被忽略的關鍵。

正如諾貝爾經濟學獎得主蓋瑞‧貝克（Gary Becker）曾指出，經濟學不該只限於財務報表，而應該延伸到所有「選擇」行為的分析上，包括時間的使用、家庭決策，甚至愛情關係。在他的名著《人類行為的經濟分析》(*The Economic Approach to Human Behavior*)中，他試圖用經濟模型分析婚姻選擇、教育投資等日常行為，強調選擇意味著權衡，也就必然伴隨機會成本。

➡ 為什麼機會成本常常「感受不到」？

機會成本最大問題在於：它不會出現在發票上。

你選擇吃蛋餅，你看不到的是你錯過那杯紅茶的解渴；

第一節　早餐店的抉擇：什麼叫機會成本？

你今天選擇上館子聚餐，你可能錯過一場線上直播；你接受一份薪水比較高但加班嚴重的工作，你也放棄了下班後的自由時間。

這些成本無形、不易量化，但長期下來會大大影響你的滿意感與生活品質。正因為我們不會「直接支付」機會成本，才更容易忽略它的存在。

因此，經濟學家約瑟夫·史迪格里茲（Joseph Stiglitz）指出：「市場未必總是明示所有資訊，許多成本是隱性的，只有當選擇錯誤後才會顯現。」這也是他主張資訊經濟學的核心概念之一。

➡ 生活中的選擇實驗：你會怎麼選？

某早餐店設有三種價位組合：

- A 餐：吐司＋紅茶　NT$35
- B 餐：火腿蛋三明治＋紅茶　NT$55
- C 餐：B 餐加一份脆薯　NT$75

你會選哪一種？當只提供 A 和 B 時，多數人選 A；但當加上 C 時，許多人改選 B —— 這是心理學中的「誘餌效應（decoy effect）」，而你放棄 C 餐，也就放棄了更多飽足感；但若你選了 C 餐，你也放棄了省錢與少攝取熱量的選擇。每

第一章　選擇的滋味：你今天為什麼想吃這一口？

個人心中的機會成本權衡標準不同，但經濟學要做的，是幫你看見「被你忽略的那一塊」。

➡ 下一次你買早餐時，腦中有經濟學的聲音嗎？

早餐店的櫃檯不只是食物交易現場，也是一座選擇與成本的試驗室。當你理解每個選擇都有它的代價，你就會發現生活中的每一餐，都是一場小小的資源分配練習。

機會成本這個概念，讓我們明白：做選擇不在於「選哪個最好」，而在於「你願意放棄哪一個？」

第二節
從排隊現象談效用最大化

你是否有過這樣的經驗：本來打算去吃樓下那間不錯的拉麵店，卻看到門口大排長龍，於是你轉身走向另一間稍微普通但不用等的便當店？又或者，你明知道某家牛肉麵要等 30 分鐘，但還是願意忍著飢餓排隊，因為「那家真的很值得」。

這些選擇的背後，其實正是在實踐經濟學中一個重要的原理：「效用最大化」。

第二節　從排隊現象談效用最大化

➡ 什麼是「效用」？

「效用」這個詞，在經濟學裡並不是電器用電效率的意思，而是用來描述一種主觀滿足感。簡單來說，當你吃下一碗熱騰騰的湯麵時，那種肚子被填滿、心情被安撫的感覺，就是效用的展現。

經濟學家用「效用」來衡量個體從商品或服務中獲得的主觀滿意程度。每一個人對同一商品的效用感受都不同，例如一個超愛辣的人會對麻辣鍋的效用評價極高，但對怕辣者來說，可能是災難。

效用不是用錢衡量，而是用偏好來衡量。也因此，效用是「主觀的」，但經濟學仍假設個體會根據自己的偏好與限制，盡可能讓「整體效用」達到最大。

這就是所謂的效用最大化行為（utility maximization）。

➡ 為什麼有人甘願花時間排隊？

有一家賣厚片吐司與拿鐵的早午餐店，幾乎每天早上八點一開門就排滿人。根據觀察，客人平均要等 15～20 分鐘才能拿到餐點，而對面另一家價格便宜、出餐快的小店卻門可羅雀。

這是個經典的經濟學觀察題：為什麼這些人願意花時間排隊？

第一章　選擇的滋味：你今天爲什麼想吃這一口？

這裡牽涉兩個重要的變數：第一，顧客從餐點中得到的「效用」；第二，他們對「等待時間」的容忍度，也就是時間成本。

對排隊的顧客而言，他們認為花 20 分鐘等待，仍然值得換取那份「美味＋質感＋社群打卡」所帶來的效用總量。換句話說，這些人衡量後發現，雖然時間成本提高，但主觀滿足也相應提高，總效用是正向的，才做出這樣的選擇。

而沒去排隊的人，則是覺得「那家再好吃也不值得等那麼久」，對他們來說，時間成本大於額外效用，轉而選擇其他選項。

這些微小的日常抉擇，其實就是每一個人進行「效用最大化」的具體實踐。

➡ **不同顧客，效用排序各異**

效用最大化並不是大家都要去吃最貴、最好評的店，而是「在自己的預算與偏好限制下，挑選最能讓自己滿意的選擇」。

舉例來說，對大學生小陳來說，早餐預算上限是 50 元，他偏好熱食又希望可以快速吃完上課，因此他選擇連鎖店的起司蛋餅＋紅茶，吃得快又便宜。對他而言，這樣的選擇效用最大。

第二節　從排隊現象談效用最大化

　　但對上班族小珊而言，早餐是她一天中最珍貴的放鬆時間，她願意花 200 元坐下來慢慢吃早午餐配咖啡，看一會手機新聞。這種「生活品質感」才是她的效用來源。

　　經濟學假設，每個人都有一套「偏好排序」，我們不見得知道排序的細節，但可以觀察選擇結果。從結果推論，她選擇的那項，就是她「此刻在條件限制下認為最滿意的」。

　　這也是為什麼市場上會有高價餐廳、便宜小吃，甚至「只有晚上開」的宵夜攤，各自吸引不同效用排序的人。

➡ **為何便利性是都市人的最大效用來源之一？**

　　在臺北生活節奏快速，許多人選擇早餐的最大考量之一就是「快」。因此超商早餐會賣得比傳統早餐店好，原因之一就是便利性本身就是效用。

　　許多經濟學研究指出，都市人越來越傾向將「省時」視為高價值資源。這時候，買一個便利商店的三明治雖然味道普通，但可以節省通勤途中 10 分鐘的等待時間，對某些人來說，這樣的「時間效用」甚至高過「口味效用」。

　　這也說明為什麼「消費者效用」並不只是來自產品本身，而是來自整體體驗的綜合 —— 你在什麼時間、什麼場景、以什麼方式，獲得這項商品。

第一章　選擇的滋味：你今天為什麼想吃這一口？

➡ 「看起來划算」不一定效用高

假設某家早餐店推出「限時優惠三明治＋飲料組合，只要 49 元」，但你今天只想喝豆漿不想吃三明治。你因為貪便宜點了套餐，結果三明治吃到一半就吃不下了、豆漿也沒喝完，這時你真的划算嗎？

從價格看起來是便宜了，但從效用角度來看，你浪費了胃容量、沒得到想要的飲品滿足、還有可能因此延誤上班時間。

經濟學強調的是「效用」而非「數字」，買得多、便宜不一定等於划算，真正的划算是「讓你從商品獲得最大主觀滿足感」，這才是效用最大化的核心。

➡ 餐廳老闆怎麼運用這個原理？

聰明的餐飲業者會透過設計選單、排隊動線、餐點組合來引導消費者的效用認知。

例如排隊麵店故意讓廚房面對街口，讓路人看到師傅忙碌煮麵的樣子，加強「美味」的心理預期；或是故意在菜單中設置高價誘餌選項，讓你覺得中間價位更合理，進而提升主打產品的購買率。

這些都不是在操弄消費者，而是在回應「效用最大化」這

個內在原則。因為他們知道，消費者會根據滿足程度來做出選擇，而滿足程度不只是味蕾，而是整體感受。

➡ 小結：選擇不是絕對好壞，而是你滿不滿意

效用最大化的關鍵，不在於做出「對的」選擇，而在於你能不能根據自身偏好與限制，做出最滿足當下需求的選擇。

所以下次當你站在排隊隊伍前，不妨思考一下：這條隊值不值得你花時間？你真正想得到的，是那碗牛肉麵的味道，還是吃到它之後的滿足感、炫耀感，或是與朋友共餐的氛圍感？

當你明白自己要的是什麼，你就比多數人更能掌握選擇的主導權，而這，就是經濟學最想教我們的事情。

第三節
吃同樣的東西會膩嗎？
——邊際效用遞減法則

早上七點三十分，阿成照慣例走進巷口的早餐店，點了一份火腿蛋餅和一杯中杯奶茶。這已經是他連續第五天吃同一份早餐。結帳時，老闆娘笑著問他：「不會膩嗎？」阿成笑

第一章　選擇的滋味：你今天為什麼想吃這一口？

笑地回：「還好啦，今天加點辣椒換個口味。」但心裡其實隱隱浮現一個念頭：「好像真的沒第一天吃得那麼香了。」

這個感覺，其實就是經濟學裡的「邊際效用遞減法則」（law of diminishing marginal utility）在作祟。這一法則說明：對某種商品或服務，在其他條件不變下，每增加一單位消費，其所帶來的額外滿足（邊際效用）會逐漸遞減。

➡ 從第一口到第五口的改變：滿足感的邊際

想像你非常渴，點了一杯大杯冰紅茶。第一口冰涼暢快，沁人心脾，效用極高；第二口仍然很好喝，但驚喜感稍減；第三口開始變得理所當然；到了第十口，你可能甚至已經忘了自己在喝什麼，只是機械性地喝完它。

這就是邊際效用遞減。從第一口到第十口，總效用可能持續上升（你確實喝了很多紅茶），但每一口所增加的滿足感正在減少。

如果把這個邏輯套用在餐飲選擇上，你會發現：連續吃同一種餐點，其帶來的滿足感會越來越低。這也是為什麼你愛吃的店，不能天天吃；再愛的口味，三天後也可能想換一下。

第三節　吃同樣的東西會膩嗎？——邊際效用遞減法則

➡ 便當店的菜色輪替：如何對抗遞減？

某間連鎖便當店以每日菜色輪換為特色，每週五天都有不同主菜與搭配菜餚。店長受訪時曾表示：「客人不怕便當貴，但怕吃膩。」這句話背後的道理就是要對抗邊際效用遞減。

如果今天便當店只賣一種雞腿飯，客人或許第一天吃得開心，第二天還能接受，但到了第三天，除非特別熱愛雞腿，否則很可能會開始尋找替代品。菜色輪替、限定新品、季節主打等手法，就是用來維持「新鮮感」，延緩效用遞減。

也因此，經濟學家不會只問「你吃得飽嗎？」，而會問「你為什麼不連吃五天相同的便當？」因為總效用不代表邊際效用，消費者追求的是每一次的新增滿足感，而非總量的堆疊。

➡ 飲料加料與點心升級：創造新的邊際效用

臺灣手搖飲文化中，加入珍珠、椰果、寒天等配料，並提供不同甜度、冰量與口味組合，其實正是在操作邊際效用。當顧客開始對原味紅茶產生倦怠時，加入配料就成為刺激新的效用來源。

這類設計讓顧客感受到「喝同樣的飲料不會無聊」，因此

第一章　選擇的滋味：你今天為什麼想吃這一口？

即使是天天喝飲料，也能在變化中重新獲得滿足。這並非只是味蕾的策略，更是效用管理的工程。

商家若能預期顧客的效用遞減節奏，便能適時推出新品、變更組合，重新點燃顧客的選擇欲望。這是以經濟理論為基礎的創新實務，從飲食業延伸到文創、娛樂與零售產業皆可見其蹤影。

➡ 「第二件半價」的真正意圖：誘發短暫效用回升

超商常見的促銷策略之一是：「第二件半價」。但若你其實只想吃一包洋芋片，為什麼會因為促銷買兩包？

因為促銷改變了你的效用評估機制。第一包洋芋片滿足你的口腹之慾，但第二包是「用來儲存」、「用來分享」或「用來補回心理價格差」的。你可能告訴自己：「反正遲早會吃掉，不如現在買比較划算。」

這裡的心理機制，正是將本來會在未來產生的效用，提前轉為現在的選擇誘因。業者透過價格激勵，使得你對第二件商品的邊際效用感知上升（儘管實際使用時的效用仍遞減）。

第三節　吃同樣的東西會膩嗎？——邊際效用遞減法則

➡ 價值與效用的錯位：你以為划算，其實只是重複滿足

有些人會說：「我每次去這家滷味攤都買一樣的東西，吃不膩啊！」這裡的確有人習慣性偏好較強，但經濟學不會輕易接受表面語言。

我們應該反問的是：「你真的沒有其他更想吃的嗎？」或「你是在滿足口味，還是因為懶得想？」很多時候，所謂的「不會膩」是因為我們對其他選項的效用想像力下降，而不是本身效用仍高。

這提醒我們，消費習慣若缺乏變化，也可能陷入效用遞減卻不自知的迷思，進而限制了真正滿足感的擴張可能性。

➡ 小結：膩了，才是經濟學的線索

當你開始覺得某樣食物「沒什麼特別」、「吃起來還好」，請不要只當作口味變了，更該把這當作經濟線索：你正面對一個典型的邊際效用遞減現象。

理解這一法則，能幫助我們安排飲食節奏、設計生活選項，甚至提醒自己適時做出改變。畢竟，真正的滿足感來自變化，而不是重複。這正是效用邏輯最具啟發性的地方。

第四節
當欲望遇上預算：你心中的消費組合

小芸每天的早餐預算是 60 元。她最常買的組合是起司蛋餅加豆漿，一共 55 元，既能吃飽又不超出預算。不過有時她也會改買火腿三明治配紅茶，只要 50 元，口味稍微清淡，但可以把剩下的 10 元投入午餐加菜。這樣的選擇行為，就是經濟學所謂的「消費組合」問題，也可以理解為：在有限預算下，我們如何選擇商品，以獲得最大的滿足感。

這其實正是「消費者選擇理論」的核心。每個人每天都在不自覺地進行類似的資源分配行為，早餐選擇、午餐預算、購物車篩選，乃至家庭預算調整與生活開銷管理，都是在資源有限的現實條件下，尋找主觀滿足感的最大化。

➡ 預算線與效用曲線：經濟學裡的選擇圖像

經濟學家用「預算線」（budget line）與「無異曲線」（indifference curve）來描述消費者的選擇行為。雖然這些圖像不必背誦，但背後的邏輯其實十分直觀。

假設你今天手上有 200 元，可以買便當或飲料。便當每個 100 元，飲料每杯 50 元，那麼你最多只能買兩個便當或四杯飲料，也可以買一個便當配兩杯飲料。這些所有可能的組

第四節　當欲望遇上預算：你心中的消費組合

合點連成一條線，這就是預算線。

而無異曲線則代表你對各種組合的偏好。舉例來說，一個便當配兩杯飲料，對你來說可能與兩個便當一樣滿足，這兩點就會落在同一條無異曲線上。當預算線與無異曲線相切時，就代表你在預算限制下，找到了最滿意的消費組合，也就是效用最大化的選擇。

➡ 真實生活中的選擇難題：價格與偏好的拉鋸

不過，真實生活不像圖形那麼簡單清楚。我們的預算常常是模糊的、有彈性的，偏好也可能隨著時間、心情與外部資訊變動。

例如今天下雨，你可能不想走太遠買平常愛吃的蛋餅，而改成樓下稍貴但方便的店；又或是你聽說某家新開的早餐店有超人氣起司漢堡，儘管價格高了 10 元，你仍決定試試看。

這些選擇背後都反映了經濟學的核心：我們在不確定與限制中追求最大滿足。

心理學家司馬賀（Herbert Simon）曾提出「有限理性」概念，指出人類在實際選擇中，並不會像數學模型那樣追求絕對最佳解，而是尋找「夠好就好」的選擇點。這樣的觀點對於理解日常消費決策特別貼切。

第一章　選擇的滋味：你今天為什麼想吃這一口？

➡ 超商便當的定價策略：預算感知的設計

你有沒有注意過，全家與 7-ELEVEN 的微波便當通常落在 79～120 元之間？這並非隨便訂出來的價格，而是廠商根據消費者的「心理預算」來設計的。

許多上班族的午餐預算大約在 150 元上下，若便當＋一瓶飲料能控制在這範圍內，就會被視為合理的選擇。超過這數字，即使東西好吃，消費者也可能轉向其他選項。這種「預算內的最大效用」設計，不僅影響商品售價，連套餐搭配、加價購內容、分量控制都經過精算。

從經濟學來看，超商便當之所以賣得好，不僅因為方便，而是它剛好滿足了多數人「在特定預算範圍內獲得最大值」的需求。

➡ 分期付款與隱性預算擴張

除了日常食物，餐飲產業中有一種看不見的消費現象：信用卡分期。許多人在高單價餐廳消費時，會選擇刷卡分期，看似每月負擔降低，但實際上是把一次性預算分攤，讓「即時滿足」戰勝了「理性預算」。

這類消費行為反映出現代經濟環境中的一種趨勢：在資訊刺激與金融工具配合下，消費者的「可支配預算感知」被擴大了。

第四節　當欲望遇上預算：你心中的消費組合

而從經濟學角度來看，這是一種預算限制被拉寬後的效用重新配置。消費者能夠在擴大預算線的同時，尋找新的最大化組合，只是代價是未來收入的預扣。

➡ 預算線也是一種人生哲學

你可能以為「預算線」只是數學上的抽象線條，但事實上，它每天出現在我們的每一筆消費決定中，也出現在我們分配時間、選擇生活型態與工作分工的選擇裡。

當你決定今天多花 20 元買喜歡的手工麵包，而不是習慣的便利商店麵包，這背後可能是你今天心情特別好、或想犒賞自己，也可能是你昨天加班，今天願意用金錢換取一些心理安慰。

這些看似微小的變動，構成了你的預算線，也勾勒出你在生活中追求效用最大化的方式。經濟學並不是要你永遠選最便宜的，而是要你清楚知道：在資源有限的情況下，什麼才是讓你當下最滿意的組合。

➡ 小結：每一筆支出，都是價值排序的展現

當你下次在早餐店、超商或外送平臺前猶豫不決時，請想想你的預算線與偏好圖。這不只是經濟模型，而是你每天正在實踐的人生選擇。

第一章　選擇的滋味：你今天為什麼想吃這一口？

消費組合沒有標準答案，但你的選擇就是你價值排序的展現。只要你清楚知道自己在捨什麼、得什麼，那麼這份早餐，就是你當下最好的經濟決策。

這正是經濟學最實用的地方：讓我們學會用有限的資源，過最有價值的生活。

第五節　選擇困難與理性迷思

清晨，站在早餐店菜單前的阿堯陷入沉思：蛋餅有原味、九層塔、起司、玉米，三明治則有火腿、花生、鮪魚、總匯，還能選擇吐司還是漢堡皮。他突然感到一陣煩躁，彷彿早起的元氣就耗在這個選擇裡。最終他隨便點了「蛋餅加奶茶」，心裡卻不斷懷疑：「我是不是該點三明治？還是漢堡比較划算？」

這樣的選擇困難症，不只是現代人生活節奏太快的表現，也表現出一個經濟學上的關鍵問題：人真的理性嗎？

➡ 傳統經濟學的理性人假設

經濟學傳統上假設「人是理性的」，即所謂的理性經濟人（Homo Economicus）：我們了解自己的偏好、有完整資訊、能即時比較每個選項，並最終做出讓效用最大化的選擇。

第五節　選擇困難與理性迷思

但在現實生活中，這種「完美理性」很難實現。人常常在不完整資訊、有限時間與情緒干擾下做出判斷，有時甚至根本不知道自己到底喜歡什麼。這就是選擇困難的根源 ── 太多選項，反而讓人難以決定。

➡ 「選擇過多」不是幸福，是負擔

心理學家貝瑞・史瓦茲（Barry Schwartz）在其著作《選擇的弔詭》中指出，當人面對過多選項時，反而更不容易感到滿足，甚至會後悔自己的決定。這個現象也稱為「選擇超載」（choice overload）。

回到阿堯的例子，他一開始只想吃點簡單早餐，但面對十幾種菜單選項與自由搭配，反而花了更長的時間做決定，還伴隨著事後懊悔。這不僅耗費時間，更可能降低整體效用。

從經濟學角度來看，這說明了「資訊處理成本」的存在。每多一個選項，消費者就必須花費額外認知資源去比較與判斷，而這些資源在現代生活裡往往極為有限。

➡ 有限理性與「夠好就好」原則

司馬賀（Herbert Simon）提出「有限理性」（bounded rationality）觀點，認為人並非追求最優選擇，而是追求「夠好」（satisficing）。當資訊過多、處理成本過高時，人們傾向於選

第一章　選擇的滋味：你今天為什麼想吃這一口？

擇一個「看起來還行」的選項,而不是真正最好的那一個。

在早餐店裡,這表現為熟客永遠點一樣的餐、學生每天固定配三明治＋紅茶、辦公室職員選最不需要思考的組合。這些「懶得比較」的選擇,其實是一種節省認知成本的理性回應。

➡ 選擇順序與框架效應的影響

另一項重要的行為經濟學發現是：我們的選擇會被呈現方式影響,這就是「框架效應」(framing effect)。例如,若菜單第一個是「總匯三明治」,它被選中的機率就高於放在最末位的「火腿蛋餅」,即使後者更便宜或更受歡迎。

此外,餐點描述若加入「人氣推薦」或「限量供應」,也會提高消費者的選擇傾向,這是因為人們容易受社會認同與稀缺性訊號影響。這些現象說明,人的選擇並非純粹根據效用,而是受到心理偏誤所引導。

➡ 後悔機制與選擇的心理成本

當人做出選擇後,往往會產生「後悔」或「想像其他選項會更好」的心理反應。這種反思雖然有助於未來決策修正,但也會降低對當下選擇的滿意度。

一項針對超市顧客的研究顯示,當可選商品越多,購買後滿意度反而越低。即使他們選到了好商品,也會懷疑是否

錯過更好的選擇。這就是所謂的「後悔效應」，是選擇困難的延伸結果。

➡ 餐飲業如何減輕顧客選擇壓力？

聰明的店家會設計「熱門推薦」、「本日主打」、「店長推薦」等選項，幫助顧客聚焦，減少比較壓力。甚至有些小吃店直接只賣三樣商品，讓你無須掙扎。

這不是壓抑消費者選擇自由，而是回應「有限理性」的市場行為。當選擇越少、決策越快，顧客越滿意，回購率也越高。這也是連鎖速食店總喜歡推出「一鍵下單餐」或「三選一」組合的原因。

➡ 小結：選擇不難，是我們不懂自己要什麼

現代社會不缺選項，缺的是「選擇能力」。經濟學不僅教我們如何選最划算，更教我們認識自己的偏好限制，找出最符合當下需求的選項。

當你了解自己是「懶得思考的人」，那就設計簡單規則給自己；當你知道自己容易猶豫，那就縮小選項範圍再做決定。這樣的自我理解，其實就是行為經濟學最重要的啟示之一。

因為在這個選項爆炸的時代，清楚知道「什麼不選」，才是真正的經濟智慧。

第六節
從便當選擇理解生活中的資源分配

每天中午十二點整,某科技大樓的地下一樓走廊,瞬間變得熱鬧非凡。員工三三兩兩地湧入美食街,其中最熱門的便當店門口,總是排滿了人。菜單上列出十種主菜、六種副菜、兩種飯類,還可以加價升級成「豪華套餐」。每一位顧客站在櫃檯前的短短二十秒,都得完成一連串快速但重要的選擇:主菜要魚還是雞?白飯還是五穀飯?加不加荷包蛋?升級套餐划不划算?

這些選擇看似與經濟學無關,實際上卻是生活中資源分配問題的縮影。當我們面對有限資源(金錢、時間、胃容量)與多樣選項時,就必須做出取捨,而這正是經濟學最根本的問題意識:我們如何有效率地分配稀缺資源。

➡ 「稀缺」是經濟行為的起點

經濟學家所謂的「稀缺」,不僅是東西不夠用,更是相對概念——人的欲望永無止境,但資源卻有限。你只有一個胃、一張百元鈔票、一個午休小時,但選項卻有上百種。這種不對稱,讓「選擇」變得有意義,也讓「分配」成為必要。

第六節　從便當選擇理解生活中的資源分配

便當選擇中,我們可能考量的是:「我想吃得營養一點,又不能超出 100 元;我不想吃太飽,不然下午會昏昏沉沉;我想吃健康一點,但菜太少又吃不過癮。」這些都是對「有限資源」的評估與分配。

這種行為在經濟學上就被視為資源分配問題:怎麼用最小的代價,換取最大的效用。

➡ 每個人的資源限制不同

不同的消費者,其資源限制也不同。有的人限制是「錢」,例如月光族或學生會精打細算;有些人的限制是「時間」,例如業務員只有五分鐘買飯;有些人的限制是「健康考量」,例如控制熱量、血糖的族群;也有人的限制是「心理舒適」,例如某天心情低落,就想吃熱湯或炸物來療癒。

當這些限制條件不同,選擇自然會不同。這也是為什麼我們在同一間便當店裡,會看到有人點最便宜的基本便當,也會有人點三樣主菜、還加蛋加湯的豪華版。這些不是因為誰更懂吃,而是他們的資源與需求不同。

經濟學承認並強調:個體差異會造成資源分配模式的多樣性。

第一章　選擇的滋味：你今天為什麼想吃這一口？

➡ 便當店的菜色設計就是資源分配藝術

你是否注意過，有些便當店雖然只有五種主菜，但副菜組合變化多端，而且每週都調整？這其實是一種資源運用策略。

便當店老闆知道，他無法同時提供數十種主餐，也無法每樣菜都準備大量存貨，因此必須透過「少量但靈活」的搭配方式，來應對顧客多樣化的需求。這正是企業經營中的資源分配 —— 在庫存、人力、保鮮時間等限制下，如何規劃產品線以滿足最大顧客群。

這個邏輯同樣適用於超商、早餐店、甚至星巴克這樣的大型連鎖。無論是「今日限定」、「早午餐時段限定」、「指定加價購」，這些都是根據資源可用性與消費者需求，所做出的最佳分配設計。

➡ 胃容量也是資源分配的一種

或許你從未這樣想過，但「胃容量」其實也是資源。

你可能很想同時吃滷排骨、糖醋雞丁、蒜泥白肉與照燒魚排，但胃裝不下，只好選其中一樣。或者你很想喝湯，但怕湯太多會影響吃主餐的空間，只好放棄。

這種選擇其實與經濟學中的資源分配邏輯完全一致。因

第六節 從便當選擇理解生活中的資源分配

為你知道你的「消化預算」有限,所以要將其分配在最值得的項目上。

這也說明為什麼現在有越來越多便當店提供「雙主菜」或「小拼盤」選項,讓顧客在有限胃容量下,嘗到更多樣的滿足感 —— 這是餐飲設計者對「消費者效用最大化」與「胃部資源分配」的回應。

➡ 外送平臺的推薦排序,
也在分配你注意力的資源

不只食物本身,連「注意力」也是現代稀缺資源。

當你打開外送平臺,首頁上出現的店家排序、熱銷榜單、限時優惠、免運活動,都在吸引你有限的注意力與時間,讓你在極短時間內做出選擇。

這些推薦系統的背後,其實是平臺對使用者「可注意資源」的分配行為。當資訊過載,平臺的任務就是把最有可能讓你下單的資訊呈現在你眼前,這也是一種資源分配策略。

而你的反應 —— 是否點開、滑了幾頁、花幾秒看圖、選了哪家店 —— 也回饋給平臺作為未來資源分配的依據。這正是現代經濟學進入「演算法調整選擇」時代的縮影。

第一章　選擇的滋味：你今天為什麼想吃這一口？

→ 小結：
你吃的不只是便當，更是你對生活的配置選擇

每一次的飲食選擇，其實都是對資源的配置練習。從金錢、時間、胃容量、健康需求，到注意力與心情，你都在分配有限的資源，追求最大的主觀滿足。

經濟學讓我們看見：選擇便當不是瑣事，而是最日常也最實際的資源分配決策。當你更理解這些選擇背後的邏輯，你就能在生活各處做出更貼近自己的最適安排。

第七節
時間就是成本：便利與效率的平衡

中午十二點二十分，臺中市一處商辦大樓外，街邊的便當店排起長隊。走過幾步，有人選擇直接走進超商，從冷藏櫃抓了一份義大利麵、一瓶綠茶，三分鐘後坐在辦公室微波、開吃。你會選擇哪一種？便當店的菜現炒更好吃，但也許要排隊、等待，再加上走回辦公室的時間；超商雖然味道普通，卻贏在速度與便利。

這正是經濟學裡一個常被低估的成本—— 時間成本

第七節　時間就是成本：便利與效率的平衡

(time cost)。所謂時間成本，就是為了取得某種產品或服務所花費的時間，這些時間也可以看作一種「看不見的支出」。

➡ 便利不是免費的，是「用錢買時間」的選擇

便利商店為什麼能賣比傳統早餐店更貴的三明治？外送平臺為什麼可以抽成高達三成，消費者卻仍願意下單？這些看似不合理的價格，其實是在對一個現代人最稀缺的資源——時間——做定價。

當你用 99 元買一個便利商店的微波餐盒，而不是走十分鐘到便當店買 90 元的便當，其實你就是在花 9 元「買下」那 10 分鐘的自由。

同理，當你願意在外送平臺點一杯原價 55 元、外送後變成 85 元的珍奶，除了買飲料本身，也是在買「不需出門」這件事。

這些例子說明：便利其實是一種服務，而服務是有價的，這個價格就是你願意支付的時間價值。

➡ 不同族群的時間成本感知不同

對一位趕著上班的上班族來說，節省十分鐘意味著可以準時打卡；對學生來說，可能只是不想在大太陽下走路；對

第一章　選擇的滋味：你今天為什麼想吃這一口？

退休長者來說，花時間走到熟悉的早餐店反而是一種享受。

這些差異告訴我們，時間成本並沒有客觀標準，而是取決於每個人當下的生活條件與心理偏好。

經濟學上稱這種情況為「主觀價值」，也就是每個人對於同一資源（時間）的估價不同。對某些人來說，五分鐘的等待已經「超出可接受範圍」，對另一些人來說，二十分鐘也無所謂，只要食物值得。

➡ 外送平臺的效率模型與時間變現

在外送平臺盛行的當下，時間的價值更被具體量化。平臺會根據「預估送達時間」推薦餐廳，甚至顯示「製餐中」與「騎士已接單」等進度條，這些資訊的目的，就是讓顧客感受到「時間正被有效使用」的心理安全。

而對商家與外送員而言，時間就是金錢。店家若超過製餐時間，可能遭到平臺降權；外送員則以「每單平均耗時」計算報酬。這整套制度就是為了把時間變成可度量的成本與產出，讓效率達到最大化。

這裡我們看到的不僅是商業模式的演化，更是經濟學中效率與成本管理的實踐案例。

第七節　時間就是成本：便利與效率的平衡

➡ 便利與品質的平衡點：個人選擇的經濟學

在生活中，我們常面臨這樣的兩難：要省時間，還是吃得更好？

有時候我們願意繞遠路去買一家人氣早餐，有時候則寧願隨便吃吃快速解決；有時候選擇 Uber Eats 是為了多睡半小時，有時候下廚煮飯則是為了感受到生活儀式感。

這些選擇看似隨性，實則反映每個人對「便利」與「品質」之間平衡的不同判斷。而經濟學的角度在於幫我們理解：每一個選擇背後，都有一個隱形的成本與效用比較表。

➡ 決策速度本身也是一種成本節省

心理學研究顯示，人每天會做出約三萬五千個選擇，其中相當一部分與飲食有關。若每一次都要耗費心力分析選項、比較價格與品質，就會導致「決策疲勞」(decision fatigue)。

因此，現代人開始傾向選擇「預設組合」、「固定搭配」、「一鍵下單」，這不僅是為了方便，更是為了節省認知資源。

從經濟學來看，這是一種「交易成本最小化」的行為表現。當選擇機制已經內建於生活節奏中，消費者便可以用最小決策成本完成購買行為，這是一種效率導向的消費習慣。

→ 小結：快與好，沒有標準答案，只有最適平衡

「你今天選這間，是因為快，還是因為好吃？」這個問題沒有正解，但卻是經濟行為中最真實的抉擇。

當我們理解時間也是成本，便利是可以用金錢交換的資源，就能更清楚地為自己建立決策標準。在某些日子，你會願意多花時間換來美味；在某些時候，你更在意效率與節奏。

這些權衡，正是經濟學要讓我們看見的真相——生活中的每一個選擇，都在進行一場屬於自己的資源分配練習，而時間，是你最珍貴的投入之一。

第八節
經濟學的開場白：
從一餐看懂選擇的代價

你今天中午吃了什麼？便當、拉麵、素食還是隨便買個麵包墊肚子？不管你的答案是什麼，它其實都代表了一場「經濟選擇」的結果。

經濟學從不迴避現實，它的起點不是銀行也不是股市，而是像你我這樣的普通人，如何在資源有限的條件下做選

第八節　經濟學的開場白：從一餐看懂選擇的代價

擇。而在所有的選擇中,「吃什麼」這件事,無疑是最貼近我們日常的經濟課題。

➡ 一餐的背後,其實是一套經濟模型

經濟學的核心,是處理「資源有限」與「欲望無窮」之間的矛盾。你可能只有 100 元午餐預算、30 分鐘用餐時間、一個胃的容量,卻面對的是五花八門的選項。便當有十種、飲料有二十種、超商、餐廳、外送各有不同組合。你無法「全都要」,只能從中選一或兩樣。

這種限制條件與選擇空間之間的張力,就是經濟學關心的起點。每一次吃飯,其實都是在進行「效用最大化」、「成本評估」、「邊際判斷」與「機會成本考量」等經濟行為。

當你最終選擇 A 而不是 B,代表你認為 A 能帶給你更高的總體滿足,這就是效用最大化的展現;你花掉 100 元去買某家拉麵,而不是那家同樣價格但需排隊半小時的店,說明你考慮了時間成本與機會成本;你選擇一次只吃一種主菜,代表你清楚胃容量有限,選擇的每一口都在進行資源分配。

➡ 所有的代價,都不只是金錢

多數人以為經濟行為只關乎金錢,其實不然。時間、體力、精神力、心理預期,這些都可以成為成本的內容。

第一章　選擇的滋味：你今天為什麼想吃這一口？

你可能為了「吃氣氛」而花 300 元吃一家裝潢漂亮的網美餐廳，或為了省事而放棄美味選擇超商微波便當。你也可能為了身體健康而忍住想吃炸雞的衝動，改吃清粥小菜——這些選擇雖不涉及明確的金錢交易，但你依然在付出代價：時間、感官享受、社交滿足等。

經濟學要提醒我們的是：成本不只是標價上的數字，而是你為了獲得某件東西，所放棄的其他可能性。這就是所謂的機會成本，而這也正是生活中最常被忽略卻最關鍵的思考方式。

➡ 餐廳經營者的經濟直覺

餐廳老闆不用讀過經濟學，但他們做的決策卻都是經濟學的應用。從菜單設計、套餐組合、促銷方案到營業時間安排，背後全是「資源分配」與「效用導向」的考量。

例如：一家便當店決定每天只賣四種主菜，而非十種，可能是基於廚房空間、人力限制與食材備貨的效率考量；一間小火鍋店選擇中午只提供限定菜單，是為了縮短出餐時間，提升翻桌率——這些看似經營策略，其實正是經濟學裡的「邊際報酬」、「規模效率」與「機會成本」等概念的實踐。

因此，我們不妨將經濟學想像成一種生活的「底層邏輯」，它潛藏在餐廳定價策略、客人點餐行為、員工排班模式與食材進貨選擇之中。

第八節　經濟學的開場白：從一餐看懂選擇的代價

➡ 吃的選擇，形塑你的價值排序

回到個人層面，我們每天的飲食選擇，其實也在重複書寫我們的價值觀：你偏好省時還是偏好美味？你願意花錢買方便，還是願意忍受等待去換取品質？你在意價格還是重視氣氛？

這些選擇會逐漸形成你對「價值」的排序標準，而這正是經濟學對個體行為最深刻的描述——不是所有人都一樣，每個人都在用自己的方式進行「資源換取價值」的日常練習。

而這種價值排序並非一成不變，它會隨著收入、時間壓力、心理狀態與生命歷程而調整。這也是為什麼，經濟學不只是科學，也是一種關於人性的觀察學。

➡ 經濟學的開場，就是從你吃的這一餐開始

經濟學從來就不是冷冰冰的數學或圖表，而是一門教你如何做選擇、怎麼衡量代價、怎麼在複雜現實中做出最好安排的生活學問。

從你走進早餐店的那一刻，從你站在便利商店貨架前的一秒遲疑，從你打開外送平臺翻找菜單的那段猶豫，其實你已經在進行經濟分析，只是你可能沒察覺。

所以,這本書的目的,就是要讓你察覺這一切 —— 讓你知道,每一餐不只是吃飽的過程,更是一場思考、選擇、取捨與分配的練習,而這,就是經濟學最初與最真實的樣貌。

➡ 小結:從一口飯開始,你已經在學經濟

當你下次吃飯時,不妨問問自己:「我為什麼選這個?」

你的答案,或許就是一堂最貼近生活的經濟課。而這樣的練習,會讓你在未來的每一次消費、每一筆支出、每一個選擇中,都更有意識地做出屬於你自己的最佳解。

吃喝中的經濟學,就從這一餐開始。

第二章

價格是怎麼冒出來的?
便當漲價的背後邏輯

第一節
供給與需求：雞排便當為何越來越貴？

你是否也發現，過去只要 85 元的雞排便當，如今常常飆破百元？不管是學區巷弄的小便當店，還是連鎖速食品牌，「雞排」這個昔日平價指標，似乎悄悄爬上了中高價位的殿堂。問題是──到底是什麼讓這塊雞排變貴了？

這正是一場由供給與需求共同作用所導致的價格調整，而這也正是經濟學中最基本卻最關鍵的概念之一：市場價格的形成。

➡ 需求成長：雞排怎麼成為全民國民菜？

讓我們先來看需求面。雞排這個品項，在臺灣的流行早已超越「夜市點心」的範疇，幾乎是各大便當店、早午餐店、手搖飲複合店的基本菜色之一。

根據 2023 年的一份餐飲調查，國人最常購買的便當主菜前三名分別是排骨、雞腿與雞排，其中雞排已連續三年成長，特別受到 20～35 歲上班族與學生族群的喜愛。原因無他：酥脆的口感、鹹香的調味，加上分量感十足的「肉感」，讓人吃起來有飽足感又有幸福感。

第一節　供給與需求：雞排便當為何越來越貴？

這股需求成長，也反映在數據上。在一些外送平臺的「炸雞類便當」訂單數，2021～2023年間平均成長超過20%。雞排正逐步從「偶一為之」的小確幸，變成「可以天天吃」的正餐選擇。

當消費者對某項商品的偏好上升，整體需求曲線就會向右上移，代表在同樣價格下，會有更多人願意購買。這就是需求增加的第一步。

➡ 供給限制：雞隻數量與飼養成本的壓力

但問題來了。雞排要靠雞胸肉製作，而雞胸肉來自完整雞隻的特定部位，一隻雞只能生產一塊雞胸，這就意味著雞肉的供給存在生物性限制。

臺灣本土雞肉供應以白肉雞為主，雖然整體年產量穩定，但面對需求快速上升與疫情後的進口不穩，雞肉價格自然上揚。此外，從2021年起，全球飼料原料如玉米與黃豆價格因戰爭與氣候影響持續上升，臺灣飼料成本也節節攀升。

受飼料與運輸成本上升影響，畜牧業者逐步調整白肉雞的批發價格。根據農委會歷年資料，白肉雞價格自2020年以來呈現上漲趨勢，對產業造成實質壓力。這類成本變動一旦傳導至餐飲業端，雞排便當等雞肉類主餐的售價也往往隨之調整。

第二章　價格是怎麼冒出來的？便當漲價的背後邏輯

當供給條件惡化——不論是成本上升、生產瓶頸，或是物流中斷——市場供給曲線就會左移，代表在同樣價格下，商家不願意提供原有數量，或者需要更高的價格才能供應相同數量。

➡ 價格上升：供需交會點的變動

當需求持續增加，供給卻受到限制時，市場的均衡價格就會自然上升。這個點，正是供需曲線交會的那一點。

若以圖像來理解：原本的價格交會點可能在「85 元與每日出貨 200 份」的位置，但當需求曲線右移、供給曲線左移後，交會點變成「105 元與每日出貨 180 份」。也就是說，價格變貴了，數量反而略減。

這也是現實中我們觀察到的現象：雞排便當變貴了，但店家可能「做少一點」、「只做中午場」、「限量供應」，這是因為餐廳也要避免成本過高導致的虧損。

➡ 價格訊號與市場反應：消費者的調整機制

價格其實是一種信號系統。在價格上升時，消費者會自然做出反應——有些人改點別的主菜，有些人會降低購買頻率，或是改吃不含雞排的套餐。

第一節　供給與需求：雞排便當為何越來越貴？

　　這種反應在經濟學上稱為「價格調節作用」，能幫助市場自動平衡：當需求被價格抑制，供給被價格鼓勵，市場會慢慢尋找新的均衡點。

　　不過，若消費者對雞排的需求是「缺乏替代性」的（也就是即便價格提高仍不願改點其他品項），則會出現所謂的「需求剛性」問題，導致價格持續攀升。

　　這也是近年便當店的另一個現象：消費者仍願意點雞排，但會對「整體便當價格」變得敏感，例如「便當能否含湯？副菜要不要調整？可以不要飲料折扣嗎？」這些都反映出，當主菜漲價不可避免時，顧客會尋找其他成本平衡的方式。

➡ 外部衝擊：雞蛋、禽流感與全球市場的波動

　　除了臺灣內部因素，國際市場也會影響雞排的成本。近年來，禽流感對雞隻產量造成衝擊，尤其在歐洲與美洲地區，造成全球雞肉貿易緊縮，間接影響臺灣進口量。

　　此外，雞排若使用雞蛋作為醃製或裹粉原料，蛋價暴漲也會帶來額外壓力。這種多層成本堆疊，讓雞排成為「受全球供應鏈與地緣風險牽動」的高敏感商品。

　　這裡我們看到的不再是單一食材的問題，而是整個供應體系的互動關係。雞排不只是雞胸肉，還牽涉到油、粉、蛋、包裝紙與瓦斯費用，這些價格都會牽動最終售價。

045

第二章　價格是怎麼冒出來的？便當漲價的背後邏輯

➡ 小結：
一塊雞排的價格，映照的是整個經濟的動態

當你咬下那塊香酥的雞排時，是否會想到：它的價格不只是店家的定價策略，而是由千萬消費者的需求偏好、養雞場的飼料成本、全球疫情與氣候條件、物流效率與便當店老闆的壓力共同決定？

這正是供給與需求的奧義所在：價格不是任意定出來的，而是市場力量互動下自然形成的結果。

雞排變貴，並不只是店家想賺錢的簡單故事，而是整個經濟系統中的微觀縮影——而你每一次的選擇，都參與了這個價格決定的過程。

第二節　蛋價暴漲時的市場調適

2023 年初，臺灣爆發雞蛋供應危機。由於禽流感疫情導致大量蛋雞撲殺，加上產銷失衡與氣候因素影響，雞蛋在超市、傳統市場頻傳缺貨與限購現象。根據統計，雞蛋批發價一度飆升至每臺斤約 55 元以上，零售價格也有破百的狀況，10 顆裝包的價格約在 68 元左右。此波漲勢推升單顆雞蛋價

格從原本約 10 元，漲至 15～20 元不等，讓早餐店、小吃攤業者深感成本壓力。民眾紛紛在網路上抱怨：「連一顆蛋都吃不起了！」

但經濟學者則從中看出另一個現象：這正是一場經典的「供給衝擊」與「市場調適」的案例。

➡ 供給減少時，價格怎麼反應？

這次蛋價上漲的原因並非單一，而是多重因素疊加。首先是國際飼料價格上漲，導致養雞成本提升；再者，禽流感疫情導致蛋雞撲殺數量上升，使得產蛋量大幅下降；最後，連續陰雨造成產蛋率降低與運輸困難，讓整體供應雪上加霜。

當市場上雞蛋供應量不足，而需求未減（早餐需要蛋、便當需要蛋、製菓業也需要蛋），價格就會自動上升，來調節資源分配。這正是供給與需求的基本法則在現實中的展現。

➡ 調整的反應：替代、縮減、創新

面對蛋價上漲，市場會怎麼調適？這裡有幾種常見反應：

- ❖ 消費者改變行為：早餐店減少加蛋的比例，有些乾脆不提供加蛋服務；家庭購蛋量縮減，只買必要分量。

- 業者尋找替代品：部分烘焙業者用蛋粉替代新鮮蛋液，或改變食譜比例減少蛋用量。
- 價格轉嫁：部分業者選擇漲價，例如將原本含蛋餐點從 55 元調漲至 65 元，將成本壓力分攤給消費者。
- 創造新供應鏈：有些連鎖早餐店與地方雞農建立契作制度，以確保穩定供應。

這些現象構成了所謂的「市場調適機制」——當供應出問題時，透過價格信號與行為改變，市場試圖重新達到一種新的平衡。

➡ 政府該不該出手干預？

蛋價飆漲引發社會關注後，政府透過釋出儲備蛋、提供飼料補貼、緊急進口等方式來穩定市場。這是一種典型的「市場干預」，其目的是避免短期內價格波動過大，造成社會不安。

不過，經濟學者提醒：價格雖然上漲令人不悅，但這也是市場傳遞「資源短缺」的重要訊號。若一味壓制價格，反而會抑制供給方的積極性，使問題惡化。例如若價格被限制在過低水準，農民不願意養雞，供給量就不會回升，市場只會更混亂。

➡ **小結：蛋價是市場說出的真話**

價格上漲令人不舒服，但從經濟學角度來看，它往往是在對我們說真話──有東西變少了、有成本增加了、該節省或調整了。

當我們理解這些背後邏輯，就能從抱怨物價的情緒中抽離，看見市場如何用價格、選擇與創新來達成新的資源分配平衡。蛋，不只是早餐的配角，它也是市場如何「對問題作出反應」的最佳教材。

第三節　價格彈性與你的「換菜」選擇

「今天雞腿又漲五塊，我乾脆改吃排骨便當好了。」這句話，是不是很熟悉？這其實就是你在進行一個非常經典的經濟學動作：根據價格變動，調整自己的選擇，而這背後的原理，就是「價格彈性」的展現。

經濟學中的「價格彈性」（Price Elasticity of Demand）指的是：當某商品價格改變時，需求量改變的程度。換句話說，價格漲一點，你的反應大不大？這樣的反應幅度，就是彈性。

第二章　價格是怎麼冒出來的？便當漲價的背後邏輯

➡ 「換菜」這個動作，就是彈性的日常應用

假設你平常最愛雞腿便當，一份 120 元，但如果價格漲到 130 元，你可能就改點 100 元的排骨飯。這就是因為你對雞腿便當的需求具有一定彈性：價格一改變，需求就跟著變。

不過也不是所有商品都這麼「彈」。有些東西即使價格再貴，人們還是會買。例如早餐店的荷包蛋，從 10 元漲到 15 元，多數人仍會照點不誤；相對地，滷蛋從 10 元變 15 元，可能你就會考慮不加。

這中間的差別，來自於兩件事：一是你對這樣商品的替代品認知（滷蛋可以不吃、荷包蛋是習慣）；二是你對它的重要性評估（少了蛋餅裡那顆蛋就覺得整體味道少了一味）。

因此，「彈性」不只是數學公式，它反映的是人的心理、習慣與生活方式。

➡ 餐飲業者如何觀察「價格彈性」來調整菜單？

便當店或餐廳老闆若是聰明的經營者，一定會留意哪些餐點漲價後客人會流失，哪些則不受影響。例如有些便當店會發現「雞排飯漲價後人潮明顯減少」，但「雞絲飯即使從 70 元漲到 80 元也照賣不誤」，這時他們可能選擇「主推雞絲飯」、「雞排限量供應」，或是「將雞排改為加價選項」，用這種方式來引導顧客選擇。

第三節　價格彈性與你的「換菜」選擇

這背後的邏輯就是「價格彈性定價策略」——針對彈性高的商品避免大幅漲價，針對彈性低的商品則可以溫和調價。從經營策略來看，這其實是最直接的「以顧客反應為導向的成本轉嫁」。

➡ 彈性與替代品的關係：選擇愈多，彈性愈大

當你周圍可選的便當店有十家時，你對任何一家店的價格容忍度都會比較低。只要某一家漲價，馬上可以換去別家，這時候需求彈性就高。

反之，若你每天只能去公司樓下那間便當店，附近也沒什麼其他選擇，即便它每餐都漲五元，你仍然得買。這時候你對這家便當的需求彈性就低。

也因此，「可替代性」是決定需求彈性大小的關鍵。可替代品愈多，價格彈性愈高；越沒有替代品，需求就越僵固。

➡ 當你開始「換菜」，價格機制就發揮作用了

有趣的是，當你因為價格上漲而選擇其他餐點，這正是價格在發揮它最重要的功能——「資源引導機制」。

價格告訴你什麼東西貴、什麼東西相對便宜，於是你開始重新思考分配資源：今天不吃雞腿改吃滷排、下週減少飲料改喝白開水、再下週乾脆帶便當。這些選擇一旦大規模發

生，就會影響整個市場的供需結構，讓需求移轉、供給調整，最後形成新的市場價格與資源分布。

也就是說，一顆滷蛋的價格調整，最後可能會改變一家便當店的菜單結構，也可能促使你自己改變飲食方式。這些微小變化，其實都在反映價格彈性的作用力。

➡ 小結：
彈性不是你身體的柔軟度，
而是你對價格的敏感度

從消費者的角度來看，價格彈性讓我們可以透過選擇來表達對市場的反應；從商家的角度來看，觀察彈性可以調整營運策略；從整體經濟來看，彈性是價格這項制度能夠發揮資源分配功能的關鍵基礎。

下次當你在菜單前面猶豫：「這加 10 元值得嗎？」那一瞬間，你其實就在做一場經濟學等級的計算。雖然你可能沒拿計算機，但你的選擇，早已說明了一切。

第四節　餐飲業的價格僵固與心理門檻

有一家人氣便當店，店主老張已經十年沒漲過價，即便雞腿、雞蛋與油價屢創新高，他的雞腿便當仍維持在 95 元不變。「老客人都習慣了，漲價怕會流失生意」，他如此解釋。這樣的情況，並非個案，而是餐飲業中一種常見的現象：價格僵固（Price Stickiness）。

經濟學告訴我們，價格應該根據市場供需自動調整，但為何在餐飲業裡，價格常常「黏住」不動，無法如理論所預期般靈活？這其實與另一項人類心理機制有關 —— 心理價格門檻（Psychological Price Threshold）。

➡ 價格僵固是市場現實，不是經濟理論失效

所謂「價格僵固」，是指在成本上升時，商家不願意立即反映於價格上，或者在需求改變時，價格也不隨之調整。尤其在服務業與餐飲業特別明顯，原因包括成本轉嫁困難、顧客敏感度高、價格修改成本高昂（例如印刷菜單、更新招牌等），以及習慣與預期心理的牽制。

老張的雞腿便當之所以不漲價，不是他不懂經濟學，而是他知道價格調整會刺激消費者的敏感神經，進而導致客流減少。

第二章　價格是怎麼冒出來的？便當漲價的背後邏輯

此外,還有「競爭壓力」因素:附近如果有其他店家維持舊價,就會擔心自己一旦漲價會被比較、被拋棄。這樣的策略性僵固,是經濟人理性判斷的結果。

➡ 心理價格門檻：
95 元與 100 元的差距不是 5 元，
是一整道心理牆

你可能注意到,許多餐廳不喜歡把售價訂在整數,而是訂在「95 元」、「99 元」或「98 元」。這並非巧合,而是經濟心理學所謂的「心理價格門檻」的應用。

消費者對「破百」價格特別敏感,即便只差 1 元,心理感受卻像跨過一道門檻。95 元聽起來像「九字頭」,會被潛意識認為仍是「百元以下便當」;而 100 元即使只多 5 元,也可能被視為「跨入高價便當區」而被避開。

這也是為什麼許多品牌會使用「特價 99 元」而非「100 元整」作為促銷策略,目的就是避免踩到心理門檻,激發抗拒情緒。

➡ 餐飲業漲價的「策略時機」與「非價格補償」

既然漲價容易引起顧客反彈,聰明的業者會怎麼做?以下是常見的策略:

第四節　餐飲業的價格僵固與心理門檻

- 藉機調整：例如在農曆年後、疫情後、颱風後，趁著「大家都有感」的時候調整價格，較不會引起強烈反彈。
- 局部微調：不整體漲價，而是調整某些高成本項目，例如主菜加價、副餐變小、取消免費湯品等。
- 非價格補償：即便價格上升，也搭配「加送飲料」、「升級菜色」、「更換環境裝潢」等方式，讓顧客感覺價值增加。
- 悄悄縮水：維持原價但縮小分量，這種「隱性漲價」雖可能遭詬病，卻是最常見手法。

這些策略並不違反市場機制，而是對於「消費者心理機制」的回應與適應，是一種結合行為經濟學的實務運用。

➡ 價格僵固對市場的長期影響

從短期看，價格僵固可能是一種穩定策略，但從長期看，它可能造成資訊失真──消費者無法從價格變化得知供需狀況，商家則可能因成本壓力持續累積而被迫退出市場。

若整體市場長期無法調整價格來反映實際成本，就會導致經濟效率下降，甚至引發黑市、偷工減料、品質下滑等現象。這是經濟學中所謂「價格訊號失靈」的風險。

➡ 小結：
價格不是貼上去的數字，
而是心理與市場的協調結果

餐飲價格的形成，不只是成本加成那麼簡單，而是一場結合市場現實、顧客心理與競爭策略的多面向賽局。

當你看見一個 95 元的便當，請別以為那只是定價策略，更是商家在衡量成本、風險與顧客期待之後的選擇結果。

價格之所以「僵固」，並不是經濟失靈，而是人性與市場互動下最微妙的妥協。這樣的僵固，是一種經濟智慧，也是一面生活現實的鏡子。

第五節　便當店的漲價策略與顧客反應

一間經營十年的家庭式便當店，將雞腿便當從原本的 110 元調漲至 120 元。消息一出，店內張貼公告強調原物料與人力成本上升，誠懇表示「實在撐不住，只好小幅調整」，並附上一張成本結構分析圖表。

一週之內，原本穩定的中午人潮出現了明顯波動。部分老客人表示理解並繼續支持，部分則轉向附近幾家價格未變的競爭店。兩個月後，老闆悄悄推出「每週五折飲料」、「點

第五節　便當店的漲價策略與顧客反應

兩個便當送滷蛋」等活動,回流的顧客明顯增加。

這個例子揭示出便當店漲價背後的策略思考與顧客反應機制,其實是一場高度經濟邏輯與心理學交織的實驗場。

➡ 漲價不是簡單加價,而是顧客心理的再定錨

便當漲價看似只是將原來的標價調高幾元,但從經濟心理學的角度來看,這實際是一場「重新定錨」(anchoring)行為。顧客對某個便當的價格有其長期心理基準點,一旦突破,將重新評估其「價值合理性」。

因此,聰明的便當店漲價時,會透過「合理理由＋情感訴求」方式軟化顧客的抵抗。例如張貼公告說明油價與雞肉成本的實際漲幅、以「撐不住了」語氣增加同理、再搭配加量不加價、贈品補償等方式,降低「價值落差感」。

這樣的策略,既是價格訊號的調整,也是顧客預期的管理。

➡ 分階段漲價與時間區間差異定價

許多業者選擇「分段式調漲」,先將加料、配菜、飲料的價格微調,主菜暫時維持,讓顧客逐步適應變化。也有便當店會依時段實施不同價格:中午時段提供基本款便當維持舊價,晚餐時段推出升級版搭配微漲。

第二章 價格是怎麼冒出來的？便當漲價的背後邏輯

這樣的方式是一種「時間區間差異定價」，可有效分散顧客心理壓力，並透過時段誘因調節人流。例如自助餐廳在下午兩點前打九折，就是一種典型操作。

➡ 搭配情感策略：誠意感比價格更重要

誠意，是便當店與顧客之間最重要的心理連結。當顧客覺得漲價是無奈而非貪婪，反彈情緒會大幅減弱。這時候，小細節如：主動說明、維持分量、加送醃菜、保持笑容，都能成為價格上升後的「非價格補償」。

有些老闆還會透過社群媒體、粉絲專頁發表調價說明文，甚至錄影誠懇說明物價壓力，這些內容雖非經濟理論規範，卻深具行為經濟學效果：增加信任感、減少抗拒感。

➡ 顧客反應類型：
沉默支持、理性流失與情緒抵制

針對便當漲價，顧客反應大致可分為三種：

- ❖ 沉默支持者：對價格上漲有感但理解現實，仍繼續消費。
- ❖ 理性流失者：屬於「高彈性需求」，看到價格變動立即轉向其他選擇。
- ❖ 情緒抵制者：不僅停止消費，還可能在網路上批評或動員他人抵制。

第五節　便當店的漲價策略與顧客反應

便當店的挑戰在於如何留住第一類、降低第二類流失、安撫第三類的情緒。因此策略上不只是價格管理，更包含顧客關係管理與品牌信任維護。

➡ 案例觀察：在地連鎖便當品牌的變價節奏

臺灣連鎖便當品牌在調漲價格時多採用「套餐策略」、「選擇加價」、「分店差異化」方式進行。例如將基本便當價格調整為 95 元，卻同時推出 95 元便當贈飲料活動，並未調整原有套餐價格，讓主力消費群心理感受幾乎為零。這種做法實質上達成了漲價，卻維持「價值感不變」。

這樣的精算與分層，是連鎖體系長年觀察價格彈性與顧客敏感度的結果，也為中小便當店提供了策略參考。

➡ 小結：漲價是一門心理學，而非純會計學

便當店的漲價，遠比帳面上的成本推估複雜。它牽涉到顧客記憶、情感反應、比較基準與價值認定，是一門綜合心理、行為與溝通的實務藝術。

一個便當漲價背後，不只是雞腿與白飯的成本，而是顧客的信任能不能持續、期待值是否被管理、日常節奏能否被照顧到。

真正成功的漲價策略,是讓顧客知道你沒得選,但也沒打算讓他們吃虧。這份誠意與計算的平衡,正是餐飲經濟的核心功課。

第六節　黑市滷味?價格失靈的警訊

網路論壇上有一個奇特的現象:某些熱門滷味攤的商品,在實體攤位買不到,卻能在私人社團裡「代購」取得,而且價格比原價還高。例如一份招牌滷大腸,原價 65 元,在社團裡炒到 90 元卻仍有人搶購。這種現象讓許多人錯愕:「滷味也有黑市?」

事實上,這正是價格失靈(price failure)的表徵。當市場無法透過價格機制正常調節供需,就可能產生黑市、排隊、配給、甚至投機倒把等扭曲現象,而其中的關鍵原因,在於價格不再反映真實訊號。

➡ **價格失靈的三大成因:**
價格管制、資訊不對稱與人為干預

第一個可能是價格被壓抑。例如為了避免民怨,商家明知供不應求,卻仍不敢調價,導致排隊、搶購、斷貨頻繁。

第六節　黑市滷味？價格失靈的警訊

第二種情況是資訊不對稱。消費者無法得知商品真正的供應狀況，可能過度搶購或預期短缺，反而加劇需求膨脹，造成虛假的市場壓力。

第三種情況則是人為干預。例如地方政府對部分商品進行限價、限量、補貼等措施，雖有短期穩定效果，卻可能讓價格訊號失真，導致供應商退出市場。

上述情形都會導致市場價格無法反映真實供需狀況，進而出現「地下交易」、「人際網絡搶購」與「代購轉售」等替代機制，也就是我們俗稱的「黑市現象」。

➡ 滷味黑市的形成機制：限制、偏好與社群操作

以熱門滷味攤為例，攤位每天販售數量有限，老闆為了維持品質與熟客回流，不願大幅提高價格或增加產量。這讓「能買到」的機會本身變成一種稀缺資源。

同時，社群媒體與熟人圈流行「代購」文化，有人專門在店門口排隊、整盒購買，再轉售給沒時間排隊的人。這不一定是壞事，反而顯示「消費者對特定商品的偏好強烈到足以接受溢價」。但從經濟學角度來看，這是市場失衡的明顯訊號——若價格無法提高來平衡需求，就會出現替代交易管道。

黑市滷味的出現，並非犯罪，而是價格失靈後的自然調節方式之一。

第二章　價格是怎麼冒出來的？便當漲價的背後邏輯

➡ 臺灣歷史上的價格失靈案例

這並非臺灣首次出現類似現象。2017 年蛋價上漲初期，批發市場貨源有限，有蛋商透過人脈圈「私下配給」；2018 年衛生紙大缺貨時，一包市價 15 元的衛生紙被黃牛炒到 30 元；又如疫情期間的口罩、酒精價格，也一度出現地下交易現象。

這些例子說明：當政府或商家為了穩定民心或形象而抑制價格上漲，就會讓供需機制被扭曲，價格失去配置資源的功能，進而出現替代性非正式市場。

➡ 如何讓價格回到正常軌道？

經濟學不反對短期干預，但最終仍需回歸「市場信號透明」與「供給彈性提升」這兩大原則。具體策略包括：

- 透明供需資訊：政府或媒體可提供即時市場供需數據，讓消費者理解現況，避免恐慌性搶購。
- 階段性放寬價格限制：允許價格微幅上調，使生產者有誘因增加供應。
- 鼓勵替代品出現：例如推出冷凍滷味、中央廚房供應、跨縣市調貨等方式，疏解單一店家壓力。
- 社群教育與資訊對齊：透過社群強調「理性消費」、「不要囤貨」觀念，降低人為操作誘因。

➡ 小結：當價格不說真話，黑市就會說出真實

價格機制的目的，是讓資源有效分配。如果價格無法說出真話，市場自然會透過別的方式讓訊息浮現，而黑市、代購、私下流通等現象，就是價格失靈的語言。

滷味之所以能出現黑市，不是因為滷味本身稀奇，而是因為市場無法誠實傳遞「它變少了、大家還是很想要」的事實。

真正穩定市場的方式，不是靠壓抑，而是讓價格能夠反映變化、調節行為。當價格回到它該有的功能，滷味也會回到該在的攤位上，而不是某個匿名社團裡的轉手商品。

第七節
餐飲行業的價格競爭與差異化

在競爭激烈的臺灣餐飲市場中，單靠低價已無法長久存活。街頭巷尾的便當店、小吃攤、連鎖速食，無不在價格、品質、速度、氣氛與品牌印象間拉鋸。這一節我們將深入探討餐飲業如何在價格競爭中求生存，又如何透過差異化策略打造獨特優勢。

第二章　價格是怎麼冒出來的？便當漲價的背後邏輯

➡ 價格戰的極限：不是誰最便宜，而是誰撐得久

當兩家便當店開在同一條街上，一家便當賣 85 元，另一家為了吸引顧客將價格壓到 75 元，看似贏得了短期人潮，但背後往往藏著「成本失衡」的隱憂。

如果賣得太便宜，業者可能無法支付員工合理薪水，導致人力流動；或壓縮食材成本，犧牲品質與食品安全；甚至讓經營陷入惡性循環，最終無法維持營運。

這也說明了價格戰的極限：最終拚的不是「誰能賣得最便宜」，而是「誰能在薄利之下活得最久」── 這其中包含資金耐力、經營效率與顧客忠誠度的綜合實力。

➡ 差異化：讓顧客不只看價格

因此，許多成功的餐飲品牌選擇另闢蹊徑，透過差異化創造價格以外的吸引力。

差異化的方向可能有：

- ❖ 產品創新：例如獨家醬汁、創意菜色、跨界聯名便當等。
- ❖ 服務體驗：例如開放式廚房、點餐速度快、店員親切、點餐系統簡潔。
- ❖ 品牌故事：如「來自嘉義的老味道」、「母女創業十年堅持手作」等敘事強化顧客情感連結。

❖ 環境設計：將傳統便當店改造成有設計感、文青風，讓人願意拍照打卡。

這些策略讓顧客願意為「除了吃之外的價值」多付一點錢，也讓店家跳脫純價格競爭的泥沼。

➡ 顧客分眾與價格層級的彈性策略

現代顧客不是一種，而是多種：「趕時間型」、「預算有限型」、「講究品質型」、「重視氣氛型」……聰明的店家會針對這些不同客群設計價格分層方案。

例如推出「基本便當」與「升級版豪華便當」；或設定「加價購副餐」、「組合價特惠」；又如中午主打快速便當，晚上推出套餐式內用選項。這些策略的本質，是「分層訂價」（tiered pricing），即透過選擇權提供不同價值選項，讓顧客自行決定投入程度。

這不僅是市場細分的表現，也是餐飲業經濟學應用的典範——在有限資源下實現利潤極大化。

➡ 網路口碑與價格認知的拉鋸戰

在社群時代，餐飲的價格印象不僅來自菜單，而來自網路評論。當顧客在 Google 評論或 Threads 上看到「這家便當

90 元很值得」、「這樣賣 100 元太貴了吧」，這些主觀感受會逐漸內化為集體價格認知。

這也意味著，若一間店價格略高，但獲得良好評論，顧客仍可能認為「物有所值」；反之，即使價格低廉，若被貼上「CP 值低」、「吃不飽」等標籤，也可能導致客流下滑。

價格與評價之間的互動，讓「價格信任」變成一種長期投資。

➡ 小結：你選的不只是價格，而是整體價值組合

當我們走進一家便當店，從環境、菜色、服務、價格、品牌與評價進行綜合判斷時，事實上已不再是單純的「花多少錢買幾樣菜」，而是一種整體價值評估。

這也就是為什麼餐飲業者要理解：價格不只是吸引顧客的工具，而是一個「價值訊號」。透過正確的定價與差異化策略，才能在競爭市場中建立獨特位置。

因為吃進肚子裡的不只是食物，還有顧客對價值與選擇的感受。

第八節
從早市到超市：自由市場的秩序

每天清晨五點，臺南水仙宮市場已人聲鼎沸。攤販依據自家供應與客源狀況調整價格，有些甚至現場喊價議價。傍晚時分，全聯與家樂福的冷藏架則早已貼上明確的價格標籤，鮮少談判空間。這從「早市」到「超市」的場景轉換，實際上展現了自由市場如何從分散互動走向秩序體系。

自由市場是經濟學的核心概念之一，指的是在無政府直接干預的情況下，買賣雙方依據個人意願與市場資訊自發進行交易，透過價格機制實現資源分配。那麼，在我們最熟悉的吃喝場景中，自由市場的運作究竟是什麼模樣？

➡ 市場秩序是如何「自然形成」的？

自由市場最令人驚奇的現象在於，它不需要誰來指揮，但卻能夠「自動」組織出有效率的交易流程。這正是經濟學家亞當斯密（Adam Smith）所說的「看不見的手」：每個人都為自己利益行動，但這些行動累積起來，卻能產生整體社會的秩序與效率。

例如菜市場的攤販會根據天氣、來客量、競爭者價格、剩貨量調整售價，而買菜的顧客則根據需求與預算在多個攤

販間穿梭選購。這些行為看似混亂,其實透過不斷互動與觀察價格變化,自然產生一種「默契秩序」。

而超市則進一步制度化這種秩序,將交易標準化、價格固定化、付款流程自動化,使得市場效率更高、消費者決策成本更低,這也是自由市場「進化後」的樣貌。

➡ 自由市場並非無政府,而是重視規則與信任

許多人誤解自由市場就是「完全自由、沒規範」,但事實上,自由市場要能運作,前提是要有基本規則與信任機制。

市場秩序的核心是:

- ❖ 資訊透明:消費者必須能看見價格、成分、來源。
- ❖ 財產權明確:商家擁有攤位與商品的使用權,買方付款後享有食物的處分權。
- ❖ 契約精神:標示價格就是承諾,不能坐地起價;約定送餐時間就要遵守。
- ❖ 交易安全:市場內不得強迫交易、不得販賣不明來源食材。

這些規則讓參與者願意投入市場行為,也讓市場能長久穩定地運作。從早市到超市,雖然場域形式不同,但背後所依賴的秩序基礎是一致的。

第八節　從早市到超市：自由市場的秩序

➡ 當自由市場失靈，政府該怎麼辦？

當自由市場無法有效分配資源、或導致資訊不對稱、獨占或外部性問題時，就會產生市場失靈（market failure）。例如食品安全問題、假標示、價格哄抬、強勢企業排擠競爭對手等情況，會讓市場失去效率與公平。

這時候，政府介入成為必要，例如設立食品標章制度、查緝不法添加物、規範價格競爭行為、補助農業穩定供應等，都是為了「修補」市場的秩序漏洞。

但需要注意的是，介入的目的應是「協助市場回歸秩序」，而非「取代市場機能」。過度干預或扭曲價格，反而會破壞自由市場原有的調節能力。

➡ 市場秩序與市民素養的連動

從自由市場的運作可見一件事：市場的效率與秩序，不只是政府與制度的責任，也與每一位消費者的素養息息相關。

當我們願意為誠實標示、多一點品質把關、遵守排隊與交易秩序的攤販買單，就是在支持市場規則的正向力量。反之，當我們貪便宜買黑心食品、在網路上帶風向散播不實評論，也會使市場失序、良幣驅逐。

第二章　價格是怎麼冒出來的？便當漲價的背後邏輯

　　換句話說，自由市場不是無政府狀態，而是依賴一套來自制度與公民倫理雙軌維持的秩序結構。

➡ 小結：看不見的手，背後是眾人的默契與選擇

　　從早市的喊價到超市的掃描付款，每一場交易都在告訴我們：自由市場不只是價格浮動的機制，而是一種以信任、規則、選擇與資訊為基礎的文明秩序。

　　吃一餐飯、買一份菜，其實就是參與一場市場的秩序演出，而你正是這齣劇中的一員。當我們更懂得自由市場的邏輯，也就更懂得在生活中做出更明智的經濟選擇。

第三章

被影響的味蕾：
當社群決定你今天吃什麼

第三章　被影響的味蕾：當社群決定你今天吃什麼

第一節　排隊店真的比較好吃嗎？

中午十二點整，某間餐廳門口已經排滿了人龍，連 Uber Eats 騎士也來來回回。排隊人潮吸引路人駐足詢問：「這家是不是很有名？」即使從未聽過、沒吃過，很多人也因此加入隊伍，期待這可能是一場美味的發現。

然而，這家餐廳真有那麼好吃嗎？還是說，我們其實只是被排隊人潮影響了判斷？這正是經濟學、心理學與行為科學交會的一個觀察點：在資訊有限、時間有限、選擇過多的情況下，我們常常會依賴「他人的行為」來決定自己的行動。

這一現象，在行為經濟學中稱作「資訊瀑布效應」（information cascade），也就是當人們看到別人做出某個選擇時，會認為「他們一定知道什麼」，於是選擇模仿。長此以往，某家店即使一開始並不特別好吃，只要排隊人潮不斷，就會逐漸獲得聲譽與客流，最終真的「變成」熱門店家。

➡ **排隊行為的經濟與心理邏輯**

在經濟學中，消費者選擇餐廳通常以「效用最大化」為目標，也就是想要在可接受的價格、時間與品質下，獲得最大滿足。然而，人在現實中並不是完美理性的決策者，而是受限於時間、資訊與認知能力的「有限理性者」。

第一節　排隊店真的比較好吃嗎？

當我們在眾多餐廳前無法做出判斷時,「看到排隊」就成了我們的「外部線索」——這家應該不錯吧,這樣的預設心理影響了我們的決策。

行為心理學家羅伯特・席爾迪尼（Robert Cialdini）在其著作《影響力》中指出,「社會認同」（social proof）是一種強大的說服工具,人們會傾向相信「多數人做的事應該是對的」。因此,排隊店往往不需打廣告,只靠隊伍就能創造人氣與聲譽。

➡ 好吃的排隊 vs. 排了卻後悔：
　 經驗不對稱的落差

然而,排隊行為也可能讓人失望。許多網友常分享「這間店大排長龍結果超普通」的經驗。這說明：排隊雖能吸引人潮,卻無法保證體驗品質。甚至,有些店家會「刻意限量」或「延長出餐時間」,營造長隊景象,以吸引路人加入,這種行為已經偏離了價格與品質的真實關聯,而走向「排隊＝品質」的錯誤推論。

經濟學稱此現象為「信號扭曲」。原本價格、評價、品質三者應當對應,但當行銷、人潮或外部操作扭曲信號,就會導致消費者的判斷偏誤。這不僅影響個人選擇,也扭曲市場資源分配——好店被冷落,話題店卻一位難求。

第三章 被影響的味蕾：當社群決定你今天吃什麼

➡ 真正好吃的店：不一定在排行榜上

有趣的是，許多在地老店、巷口小攤，往往不在美食排行榜上，也無需排隊，卻有長年穩定的顧客群。這些店靠的是「內部口碑循環」——透過熟客回流與親友推薦，建立深層信任。

相較之下，排隊店較容易獲得「一時注意」，但若品質未能匹配熱度，就容易被淘汰。因此，穩定營運的餐飲業者，往往更在乎回客率與口碑深度，而非一時爆紅。

這也提醒消費者：排隊可能是訊號，但不是唯一標準。真正的美味，仍需經過自身體驗與判斷。

➡ 小結：你在排隊時，其實也在做經濟決策

當你選擇加入排隊隊伍時，其實你已經進入了一場「社會線索影響下的經濟選擇」；當你依賴他人行為判斷品質時，你正參與一場資訊瀑布的實驗；而當你吃完後分享評論時，你也正在影響下一位消費者的決策模型。

餐飲經濟學並不只是看價格與成本，而是理解「為什麼你今天想吃這一口」。下一次在路邊看到排隊隊伍，不妨問問自己：我是真的想吃，還是只是「看到大家都在吃」？這樣的反思，正是讓我們成為更有意識的消費者的第一步。

第二節
Google 評論、IG 打卡與「口碑經濟」

你是否曾在外食時,打開 Google 地圖查評價、滑 IG 看打卡照,甚至打開 YouTube 看食記影片?這些動作早已成為現代人飲食選擇不可或缺的儀式,甚至有些人會說:「沒在 Google 評論超過 4.0 分的店,我不吃。」這種現象,不僅改變了消費者的行為,也形塑了一種全新的經濟生態:口碑經濟(Reputation Economy)。

所謂口碑經濟,是指商品或服務的價值越來越依賴「他人怎麼說」,而不再只是基於品質本身。尤其在資訊爆炸的時代,我們越來越仰賴評價與推薦來協助做出選擇,而這些評價,正是無形中參與資源分配的關鍵。

➡ **評論分數不是絕對品質,但卻是相對信號**

Google 評論、Tripadvisor、Facebook 粉專留言,這些平臺的評價與星等成為「口碑參考值」。在餐廳選擇中,Google 星等成為一種「新貨幣」—— 評價高,就容易被點閱、被信任、被選擇。

問題是,評論分數是否等於品質?未必。評論常因主觀體驗而產生極大差異,同一餐點可能因為服務態度、環境音

量、店員口氣,而影響顧客整體評分。也有些商家會透過「邀請評論」、「贈送好評獎勵」、「請朋友刷五顆星」等方式美化評價,進而形成「虛擬品質假象」。

這使得評論分數雖具有參考價值,卻無法完全等同於客觀品質。消費者必須學會「讀懂評論」,才能做出有效選擇。

➡ 打卡照的視覺經濟:賣的不只是食物,還有分享價值

Instagram 與 TikTok 帶來的是「視覺經濟」。食物不再只是吃的,而是拍照的、分享的、貼標籤的。某些餐廳設計明顯以打卡為導向:牆面標語、餐盤顏色、乾燥花背景、霓虹燈字體⋯⋯目的不再只是讓你吃飽,而是讓你「願意發文」——發文就是宣傳,就是流量。

這種現象背後隱含的邏輯是:社群平臺為餐飲業創造了免費的行銷媒介,而顧客成為自發的宣傳者,形成「共享口碑行銷」。餐廳因此可將部分廣告預算轉移至「視覺設計」、「擺盤藝術」、「話題性布置」,用以吸引拍照分享。

這也讓口碑不再是靜態評價,而是「動態影像口碑」——不只是說好吃,而是拍出讓人想吃。

第二節　Google 評論、IG 打卡與「口碑經濟」

➡ 假評論、買評論與評論素養的考驗

口碑經濟雖帶來新機會，也伴隨新的風險。近年許多評論平臺爆出「假評論」風波，不少店家被發現僱用寫手洗版，有些消費者則以評論作為勒索工具，威脅「不退錢就給一星」等情節層出不窮。

這些現象突顯評論素養的重要性。經濟學上的「資訊不對稱」原本指買賣雙方掌握資訊不均，如今演變成「資訊汙染」：你看到的評價，可能是行銷操作的結果。

為此，平臺開始強化驗證機制，例如要求打卡紀錄、用餐憑證、限制匿名評論等；消費者也逐漸發展出「交叉比對」、「看評論內容多元性」、「搜尋負評關鍵字」等應對策略。

這些行為顯示，在口碑經濟中，消費者不再只是被動接受資訊，也必須具備基本判斷與辨識能力，才能有效行使經濟選擇權。

➡ 小結：
口碑不只是話題，而是現代市場的分配力量

我們正在走入一個「聲量就是價值」的時代。在資訊無所不在的環境裡，Google 評論與 IG 打卡已不只是點餐前的參考，而是左右市場命運的經濟槓桿。

餐廳能否生存，不再只靠味道與地點，而要靠聲譽管理與口碑設計。消費者能否吃得安心，也不再只是靠價格或裝潢，而要靠自身的資訊判讀力。

當你下一次滑手機找午餐時，請記得：你不是只是在選一餐飯，而是在用你的「按讚、評論、分享」參與一場看不見的經濟分配。

口碑，是現代餐飲經濟的另一種貨幣。

第三節　熟客文化與習慣效應

早上七點半，一家老字號豆漿店門口已經排了一排人，熟客們不用看菜單，只需一句：「一份蛋餅加燒餅，無糖豆漿一杯。」店員就熟練地動作起來，幾乎不需要問。你會發現，這些人每天都來、點的都一樣，甚至在座位上與其他常客聊起孩子考試、社區動態。這種場景不只溫馨，更展現了一種在經濟學上被忽略卻至關重要的力量：熟客文化與習慣效應。

所謂習慣效應（habit formation），是指人們傾向於重複過去做過的選擇，不僅因為熟悉與方便，也因為心理成本低。而熟客文化則進一步建立起社會關係網絡與信任機制，讓餐飲消費不再是單一交易，而是「生活模式」的一部分。

第三節　熟客文化與習慣效應

➡ 習慣是一種降低認知成本的工具

現代人每天要做成千上萬個選擇，從穿衣、交通、午餐吃什麼，到晚餐去哪聚餐。若每個選擇都從頭思考、評估、比較，將耗費巨大心力與時間。因此，我們會逐漸建立「預設選項」，例如：「早餐就是這家豆漿店」、「便當一定吃樓下那間排骨飯」、「週末固定聚餐餐廳」。

這些行為，在心理學中屬於「慣性選擇」，在經濟學中則反映為「時間成本最小化」策略，也就是讓決策過程變得自動化、降低交易成本與認知負擔。

➡ 熟客文化：信任與情感的經濟價值

當一間店累積固定熟客群後，便不再完全仰賴新客來維生。熟客的價值在於穩定消費、良性反饋與人際口碑。許多在地小吃店、早餐店、攤販靠的就是「熟面孔」支撐營收。這些熟客會介紹朋友、定期消費、主動給予意見，形成一種「消費者共創價值」的文化氛圍。

此外，熟客文化會逐漸擴展至非價格因素的忠誠：即便同樣餐點別家比較便宜或多送一顆蛋，熟客仍會回到習慣的那家，因為有熟悉的笑容、熟悉的口味、熟悉的節奏。

這說明「品牌忠誠」不必透過廣告打造，而是可透過日常

第三章　被影響的味蕾：當社群決定你今天吃什麼

信任經營與社交互動自然養成。這是一種由下而上的關係型經濟（relational economics），不同於以價格導向為主的交易經濟（transactional economics）。

➡ 習慣與效率的平衡：風險與保守的選擇架構

但習慣效應也有其限制。當我們過度依賴慣性，可能會錯過更好的選項或新開的優質店家。這是一種所謂的「選擇保守性」（status quo bias），也就是人類偏好維持現狀、避免改變所帶來的風險與不確定性。

從經濟角度來看，這種傾向雖能提高決策效率，但也可能限制效用極大化的可能性。尤其在餐飲市場快速變化、創新餐廳層出不窮的今天，過度依賴習慣可能會讓消費者陷入「效率與探索」的兩難。

➡ 熟客優惠制度與習慣強化策略

許多餐飲業者也早已看準熟客的潛力，發展出一套「習慣強化系統」，例如：

- 集點卡制度：累積消費換餐點。
- 熟客折扣日：指定時段提供固定顧客優惠。

第三節　熟客文化與習慣效應

❖ 客製化菜單：記得顧客口味與過敏史。
❖ 私密社團經營：只對熟客提供內部新品試吃或預購機會。

這些策略的本質在於「加深顧客與品牌的連結」，讓顧客逐步從「慣性選擇者」變成「情感支持者」。

➡ 小結：
熟悉的選擇，也是一種經濟行為的設計

當你每天走進同一家早餐店、無需點餐便知道你要什麼，其實你並不是懶惰或保守，而是在用一種降低成本、提升信任、維持效率的方式過生活。

熟客文化與習慣效應讓我們看見：消費行為不只是單次交易，而是人與環境、人與人之間長期互動的結果。這樣的選擇看似隨意，實則蘊藏精密的經濟邏輯。

在熟悉的店家裡，每一頓早餐、每一次微笑、每一個不用開口的默契，其實都是生活中最自然、也最真實的「經濟選擇」。

第三章　被影響的味蕾：當社群決定你今天吃什麼

第四節
外送平臺上的「熱銷 TOP10」操控心理

打開 Uber Eats 或 foodpanda，你可能會注意到平臺首頁總會出現「熱銷排行榜」、「TOP10 人氣美食」、「本區最常點」等推薦欄目。當你無從下手時，這些排行榜是否左右了你的選擇？事實上，這正是平臺經營者透過演算法與數據操作，塑造一種「口味共識」與「選擇懶惰」的機制。

在這樣的環境中，我們以為自己是主動選擇，其實早已被預設排序與群體行為影響，這背後牽涉的是一整套「注意力經濟」與「操控性設計」邏輯。

➡ 平臺排序機制不是中立的

許多消費者誤以為「TOP10」是純粹依據銷售量排行，但平臺實際上往往考量多項變數，包括：

- 商家是否配合促銷活動
- 是否有提供平臺獨家折扣
- 消費者評分結合近期點擊率
- 商家與平臺的合作深度與金流安排

第四節　外送平臺上的「熱銷 TOP10」操控心理

換句話說，排行榜不只是「好吃」的指標，更是一種「行銷演算法推薦結果」，背後包含商業利益交換與消費者行為誘導。

經濟學上，這可視為一種「選項架構效應」(choice architecture)，也就是設計選單的方式本身就會影響選擇。例如：將某家店置頂推薦，即使品質普通也可能因點閱率高而進一步成為熱銷──形成所謂的「自我實現式熱銷」現象。

➡ 消費者懶得選，平臺就幫你「選好」

外送平臺最了解一件事：人在肚子餓時不想花時間思考。這種心理被稱為「決策疲乏」(decision fatigue)，意即當人已做了太多選擇後，會傾向接受預設建議。

因此，平臺不只提供選擇，更透過「預設排序」、「最常點」、「推薦餐點」這些提示，降低你的思考門檻。久而久之，消費者習慣依賴平臺排序，導致資訊集中、選擇趨同。

這對於中小型商家極為不利，因為若無法進入這類排行榜，曝光率與流量會被大幅壓縮，即使餐點本身優質，也難以引發大量點擊，進而陷入「無人氣＝無人買」的惡性循環。

第三章　被影響的味蕾：當社群決定你今天吃什麼

➡ 操控還是協助？平臺設計的兩面性

有人認為這樣的設計是「操控」，讓人喪失主動選擇權；也有人認為這是「協助」，幫助使用者快速決定、提升效率。

事實上，這種兩面性正是行為經濟學爭論的核心：介面設計者到底該中立？還是應善意引導？知名經濟學者理查‧塞勒（Richard Thaler）與凱斯‧桑思坦（Cass Sunstein）在《推力》（*Nudge*）一書中指出，「預設選項的安排」可以正向引導行為，但也可能造成「操控濫用」。

例如：將健康餐盒放在推薦欄上，可能增加營養攝取；但若平臺總是優先推「高利潤店家」，則消費者可能被誤導而錯失更佳選擇。

➡ 如何反制平臺操控？消費者的策略思維

身為消費者，我們不可能完全脫離平臺建議，但可以發展出一些「抵抗性策略」：

- ❖ 隨機點開未推薦商家：擴大資訊來源。
- ❖ 避開「第一頁效應」：嘗試滑到第三、四頁再選擇。
- ❖ 交叉查詢 Google 評論或外部社群評價：增加多元觀點。
- ❖ 關注「開發票」、「產地標示」等誠信資訊：回歸基本面。

這些策略看似微不足道，但在經濟學上屬於「資訊多元化行為」，可避免「同質化選擇陷阱」，也讓市場更多元、更公平。

➡ 小結：
平臺上的熱銷，
不只是大家喜歡，而是被設計過的喜歡

當你點開外送平臺、選擇「TOP10」名單時，你其實不只是點了一份餐，而是參與了一場由數據、行銷、心理與經濟共同構成的選擇遊戲

第五節
社群影響與認知偏誤：
我們為什麼追流行？

2020 年珍珠奶茶蛋塔爆紅的時候，不少人即使平常不特別愛甜點，也會排上一兩個小時只為一嘗「跟上潮流」。幾個月後，話題轉向巨無霸便當、和牛飯糰，風靡一時的蛋塔被遺忘。這些現象不是偶然，而是社群媒體與心理偏誤聯手操縱我們行為的結果。

第三章　被影響的味蕾：當社群決定你今天吃什麼

當我們說「最近大家都在吃這個」、「這家店爆紅了」、「不吃好像就落伍」，其實反映的不是純粹的味蕾選擇，而是社群影響力與人類認知機制相互作用下的集體行為邏輯。

➡ 流行不是從味覺開始，而是從曝光開始

餐飲流行的啟動點，不是餐點口味或食材創新，而是社群平臺上的曝光頻率與轉傳熱度。某個部落客、KOL、YouTuber 推薦後，媒體爭相報導，群眾自動加入排隊，最後在 IG 與臉書洗版。這一連串過程，是一場「認知占位戰」：哪個品牌先占據我們的大腦注意力，就有機會引導行為。

行為經濟學家康納曼（Daniel Kahneman）稱此為「可得性捷思法」（availability heuristic）：我們傾向根據最容易想起、最常看到的資訊來做判斷，而非根據完整事實。當某家店被你在 24 小時內看到十次，你會自然認為它很熱門、值得一試，即使你從未真的了解它的品質。

➡ 同儕壓力與社群認同的內化效應

我們的行為也受到社會規範與同儕期待影響。當辦公室午餐群組有人說「我們去吃那家最近很紅的早午餐」，若你反對或不跟，可能會覺得自己「不合群」、「不時尚」。

第五節　社群影響與認知偏誤：我們為什麼追流行？

這是心理學中的「規範性社會影響力」（normative social influence），意即人們會因為想被接納、避免排斥，而遵循群體行為。這種內化影響會讓我們逐步改變原本的偏好，讓社群選擇變成自我偏好的一部分。

也就是說，你以為自己是「想吃這家」，其實是「想成為那群人」——那群有話題、有品味、能跟上流行的人。

➡ 認知偏誤讓你高估流行價值

除了社群壓力，認知偏誤也扮演推波助瀾的角色。其中最常見的有：

- 從眾效應（bandwagon effect）：人們傾向相信「多數人做的就是對的」，因此當看到排隊、熱搜、打卡數多，就更可能加入。
- 沉沒成本謬誤（sunk cost fallacy）：排隊已久或搶購成功後，即使發現不好吃，仍會說服自己「其實還不錯」，以合理化投資的時間與情感。
- 狹隘框架（narrow framing）：只根據眼前的熱門榜單或當週流行來選擇，忽略長期喜好與實際需求。

這些偏誤讓我們在餐飲選擇上不斷「追流行」，但不一定「追得滿意」。

第三章　被影響的味蕾：當社群決定你今天吃什麼

➡ 流行的壽命愈短，我們的滿足感也愈短

追流行帶來的滿足往往快速而短暫，因為它依賴的是「外部認同」，而非「內在偏好」。當社群話題轉移、熱門榜單更新，你可能也迅速喪失興趣。這讓我們的飲食行為越來越難「建立穩定喜好」，而是處於不斷更換與疲乏的輪迴中。

從經濟學來看，這是一種「效用遞減速度加快」的現象。傳統理論認為，商品使用次數愈多，邊際效用逐漸下降；但在追流行文化中，效用幾乎一次就滑落，因為它本質是社會貨幣，無法累積長期價值。

➡ 如何做出「去流行化」的飲食選擇？

不是所有流行都不值得追，而是我們該更有意識地選擇「是否要追」。以下是一些思考策略：

- 先問自己：如果沒人知道我吃了，還會想吃嗎？
- 關注長期口碑，而非瞬間熱度：找那些沒有浮誇宣傳、但回客率高的店。
- 辨別「誰在推」與「推的是什麼」：是 KOL 代言，還是真實經驗？
- 記錄自己的飲食偏好日誌：認識真正讓你滿足的餐點類型。

這些方式有助於我們從流行中回歸理性，重建主動而非被動的選擇能力。

➡ 小結：
當我們說「大家都在吃」，
其實在說「我也想被看見」

流行的本質是共鳴，而非品質。當我們追逐某家餐廳，是在追一種「參與感」——參與熱門話題、參與集體經驗、參與社群認同。

但真正能讓味蕾滿足、讓生活穩定的選擇，往往不是出現在 IG 熱門話題，而是那間你默默回訪、不打卡也覺得幸福的小店。

我們無法完全脫離社群影響，但可以練習在追流行時，帶上一點懷疑與觀察，為自己做出更貼近內心的經濟選擇。

因為吃下去的不只是食物，也是一種價值認同。

第六節　陌生人推薦比親人有效？

在外送平臺點餐時，你會更相信朋友的建議，還是陌生網友留下的五顆星評論？根據多項行為經濟學研究，現代人

第三章　被影響的味蕾：當社群決定你今天吃什麼

在某些情境下,更願意參考陌生人的意見,而非親近的熟人,這個現象聽來或許荒謬,實際上卻深具邏輯。

這一節將揭示為何我們會對陌生人評論深信不疑,又是哪些心理機制與經濟誘因在背後運作。

➡ 越遠的人,反而越有「權威感」?

心理學家所謂的「外部效應偏誤」(outsider bias),是指人們傾向相信非關係密切者的評價,因為我們認為他們更「客觀中立」。相反地,來自朋友或家人的建議,反而可能被懷疑為帶有情感偏好、習慣誤導或過度主觀。

舉例來說,如果你媽媽推薦一家她常去的素食店,你可能會覺得那是「她的風格」;但若 Google 評論上有數百人一致好評,你反而更傾向嘗試。這是因為集體意見會產生一種「客觀視角」的錯覺,也是一種社群放大效應下的信任轉移。

➡ 口碑信任的演化:從親信到群信

傳統社會裡,口碑主要由熟人間的交流傳遞。街坊鄰居、親戚朋友的餐廳推薦,是飲食選擇的重要依據。但進入社群與平臺時代後,這種信任轉向數據化與大眾化——我們習慣透過評分星數、留言數量、標籤數據,建立新的信任架構。

第六節　陌生人推薦比親人有效？

這是從「關係信任」（relational trust）轉為「演算法信任」（algorithmic trust）的過程。前者靠人際關係，後者靠機制設計與群體共識。這樣的信任演化，符合現代生活快節奏、高資訊需求的特性，但也帶來新風險。

➡ 社群平臺的「信任偏誤建構」

外送平臺與評論網站會透過排序設計、推薦機制強化特定評價。例如：

- ❖ 顯示五顆星評論置頂
- ❖ 推薦擁有最多留言的店家
- ❖ 設計成越多人點過的越顯眼

這些設計不只是中性工具，而是透過資訊「構圖」（framing）影響消費者的判斷。你以為自己做了選擇，其實是順著設計好的信任感在行動。

這一點與親人建議正好相反：親人並不會刻意設計評價機制，反而顯得「沒有科學依據」、「太感性」、「不一定對我適用」。結果是，平臺越能提供「群體客觀」的幻覺，我們越願意放棄親密信任而追隨群體信任。

第三章　被影響的味蕾：當社群決定你今天吃什麼

➡ 認知心理的參照群體效應

社會心理學的「社會比較理論」（social comparison theory）指出，人們會依據所屬群體的行為來調整自己。當陌生人評論來自「與我相似」的群體（例如同城市、同年齡層、同職業），其影響力甚至可能超越家人。

我們會潛意識問自己：「像我這樣的人都點了這家店，那我也該試試。」這種參照群體效應讓「類似的陌生人」變得比「親密但不同的親人」更有說服力。

➡ 如何辨識有效建議與操縱評價？

雖然我們可以從群體評論獲得參考資訊，但也要警惕假評論與操縱性內容的干擾。以下是辨識建議的幾個原則：

- 看評論密度而非單一星數：100則四星比5則五星更可信。
- 注意評論語言是否重複或過於誇張：這可能是洗版。
- 交叉查詢外部平臺意見：例如從 Google 轉查 Threads 或 PTT，提升資訊獨立性。
- 觀察是否過度業配或有強烈代言語氣：當心「業配評論」假扮顧客心得。

這些方法可以幫助我們在「信任轉移」的時代，維持基本判斷能力，避免在陌生人意見中迷航。

➡ 小結:誰的話更值得信?其實關鍵在你自己

從親人推薦轉向群體評價,是現代餐飲選擇邏輯的轉變。這不代表親情失效,而是選擇環境的資訊結構變化。

在這樣的世界裡,我們需要培養的是「信任能力」:知道何時該相信誰、該相信什麼資訊、該如何驗證這些資訊。最終,不論來自哪一方,唯有與自己偏好一致、符合實際需求的推薦,才是真正有效的選擇依據。

所以,下一次你打開外送平臺、看到一堆五星評論時,不妨想想:這些評論真的比你媽媽說的那家滷肉飯還要可信嗎?

第七節　資訊不對稱下的選擇風險

當你走進一間沒去過的拉麵店,看到菜單上寫著「招牌濃湯豚骨拉麵 —— 每日限量」,你會點嗎?你是否會相信這是真的限量,還是只是一種吸引點餐的話術?這樣的判斷其實正暴露了我們在餐飲消費中所面臨的一大經濟問題 —— 資訊不對稱(Information Asymmetry)。

資訊不對稱是指交易雙方掌握的資訊不對等,一方擁有優勢資訊,另一方則處於劣勢。在餐飲市場中,賣方(店家)

第三章　被影響的味蕾：當社群決定你今天吃什麼

往往比買方（消費者）更清楚食材來源、製作流程、成本結構與利潤分配。這種結構性的資訊不均，導致消費者容易做出錯誤或不完全的判斷，甚至成為經濟決策上的「弱勢方」。

➡ 資訊差距如何影響消費判斷？

當你選擇一家網路上評價不錯的壽司店，但實際上它使用的是進口冷凍魚貨而非新鮮現流漁獲，若你沒有辦法辨別食材差異，你就可能為「看起來新鮮」付出過高價格。

在這種情況下，你無從得知商品真實品質，只能根據有限資訊（裝潢、行銷語言、網路照片）做出判斷。而這些資訊極容易被包裝與操作，使得消費者暴露在更高風險中。

例如：「純手工」、「傳承三代」、「限量供應」、「米其林主廚監製」等詞彙，其實可能並沒有明確標準或法律認證，卻足以影響購買行為，這就是資訊不對稱導致的「認知誤導效應」。

➡ 賣方如何利用資訊優勢進行策略操作？

在資訊不對稱情境中，賣方可能採取兩種行為：

- ❖ 誘導定價（signaling pricing）：例如將商品標示高價以營造高品質形象，即使成本未必相符。

❖ 逆選擇（adverse selection）：以低價吸引消費者，但犧牲品質或原料透明度，例如使用便宜加工品替代鮮食。

這些行為會使市場失去效率，甚至產生「劣幣驅逐良幣」的現象——也就是好的餐廳反而被淘汰，因為無法與低成本高話術的競爭對手抗衡。

➡ 消費者如何自保？建立資訊判讀素養

在無法完全避免資訊不對稱的前提下，消費者該如何應對？以下是幾個具體策略：

❖ 查閱食材來源與供應鏈資訊：有些餐廳會公開使用的品牌與來源，例如履歷蔬菜、產地直送等，可信度相對高。
❖ 觀察細節線索：例如菜單標示是否明確、是否標出過敏原、服務人員是否能詳細解說菜色內容。
❖ 培養口感與品質分辨力：如多接觸不同層級食材、參加飲食教育課程，可提升自我判斷能力。
❖ 參考獨立第三方評論平臺：例如食安資訊平臺、專業食評人，而非單一平臺的星數評價。

這些行為屬於「資訊自我強化策略」，有助於在不對稱條件下縮短差距，提升決策正確率。

第三章　被影響的味蕾：當社群決定你今天吃什麼

➡ 平臺與政府的角色：資訊對稱的制度設計

除了個人努力外，資訊對稱也需制度保障。例如：

- 外送平臺應標示店家真實評價比例與負評內容比例；
- 政府應強化食品標示管理、禁止虛偽廣告與誇大療效；
- 推動食安公開資料庫，例如公開查核紀錄與檢驗結果。

當制度能使資訊更透明，消費者選擇就更能反映真實偏好，市場也更有機會運作良性。

➡ 小結：
在資訊有限的世界裡，選擇是一種學問

吃東西看似日常，其實是知識門檻頗高的活動。在看不見的資訊差距中，每一次點餐都是一場風險與機會的賽局。

與其被話術牽著走，不如學會看穿話術。當你能辨別「限量供應」是否只是促銷話術、理解「主廚推薦」是否有數據支持時，你已經開始走出資訊不對稱的迷霧，朝向更理性、更自由的經濟行動邁進。

畢竟，真正聰明的消費者，不是挑最多評論的選擇，而是挑得懂資訊背後邏輯的選擇。

第八節
社會資本在你吃飯時悄悄發生作用

某天中午，你走進一間平凡無奇的麵店，老闆娘看到你微笑打招呼，熟練地問：「今天還是一樣乾拌加滷蛋？」隔壁桌的熟客點完餐開始與老闆閒聊，兩人對話自然、沒有壓力。這種餐飲空間中微妙的互動，其實正是在你不知不覺中運作的「社會資本」（Social Capital）。

社會資本是一個社會學與經濟學交叉的重要概念，簡單來說，它指的是人與人之間的信任、規範與網絡連結所構成的一種資源。與財務資本與人力資本不同，社會資本無形卻強大，尤其在餐飲經濟中，發揮著超乎預期的作用。

➡ 為何你願意常常光顧那家沒有招牌的麵攤？

一間沒有明顯裝潢、食物也不是特別突出的小店，為何能吸引回頭客？原因就在於社會資本帶來的「熟悉感」與「信任感」。這些非語言、非契約的情感連結，是消費者願意再來一次的重要誘因。

在經濟學中，這種現象有時會被視為「非價格誘因」（non-price incentive），也就是顧客不單因價格或品質，而是因為「人情味」、「信任感」、「歸屬感」而產生重複消費行為。

第三章　被影響的味蕾：當社群決定你今天吃什麼

社會資本讓消費行為變得更穩定、更低風險——你知道老闆不會坑你、知道分量不會縮水、知道即使沒帶錢也能先賒帳。這些互信網絡正是社會資本所帶來的隱性保障。

➡ 社會網絡如何影響飲食選擇？

除了個人層次的互動，社會資本也透過群體網絡改變你的消費行為。例如同事之間推薦午餐便當、鄰居阿姨說哪家豬血湯好喝，或社群中固定聚餐的店家名單，這些都不是由廣告決定，而是透過人際關係網絡自然傳遞。

這是一種「社會傳播機制」：當資訊透過信任網絡流通，其影響力往往大於單向傳播。換句話說，你會因為信任推薦人而信任他所推薦的餐廳，這正是社會資本作用的核心。

➡ 餐飲業者如何經營社會資本？

聰明的店家早已懂得如何打造與顧客之間的社會資本。他們不只是賣食物，更經營關係：記得客人名字、了解客人口味、提供個人化服務，甚至在重要節日送上一張手寫卡片，這些行為都在積累情感資產。

有些老闆甚至參與地方活動、贊助里民運動會、支持社區幼兒園義賣，這些不是行銷策略，而是透過參與建立「社區信任」。

第八節　社會資本在你吃飯時悄悄發生作用

這樣的社會資本不僅能創造忠誠顧客,也能在經濟不景氣時提供基本保障:當顧客收入變少,他們仍會選擇繼續支持那家熟悉的小店,因為那是一種社區連結的象徵。

➡ **社會資本可以量化嗎?**

學界近年來開始嘗試量化社會資本,例如:

❖ 客戶回訪率與推薦率
❖ 顧客平均停留時間與互動頻次
❖ 顧客社群參與度(例如 LINE 群、FB 社團)
❖ 店家參與地方社區活動的頻率

這些指標雖難以轉換成財務報表,卻是企業穩定與韌性的關鍵指標。在疫情期間,我們看到許多沒有社會資本支持的餐飲業者倒閉;反之,有熟客支持、社群活絡的店家反而撐了下來。

➡ **小結:吃的不是飯,是關係網的延伸**

每一次吃飯、每一個問候、每一場人情,都是社會資本的一部分。我們以為自己只是找個地方解決一餐,事實上卻是在持續構築一張互信與共享的社會網絡。

第三章　被影響的味蕾：當社群決定你今天吃什麼

　　當你選擇支持在地小店、回訪熟悉老闆、介紹朋友去吃時，你不只是消費者，更是社會資本的提供者與傳播者。

　　這讓我們重新認識「吃」這件事的經濟意義 ── 它不只關乎成本與價格，更關乎關係與信任。而這些看不見的社會資本，正悄悄在你每一次吃飯時，默默發揮著它的力量。

第四章

誰設計了你的選擇？
當菜單變成心理操控工具

第四章　誰設計了你的選擇？當菜單變成心理操控工具

第一節
餐廳如何用定價操控你的直覺？

走進一家看似普通的義式餐廳，你拿起菜單，一眼瞥見某道「爐烤戰斧牛排」標價 1,980 元，瞬間讓你覺得隔壁的「海鮮墨魚義大利麵」只要 480 元，簡直超划算。於是你安心點下後者，心中還沾沾自喜：我果然懂得精打細算。但你可能沒發現，這場心理賽局早在你翻開菜單那一刻就悄悄展開了。

餐廳經營者非常清楚「價格」不只是成本與利潤的反映，而是一種「設計過的訊號」。這些訊號會引導、影響甚至操控你的直覺判斷。從心理定價、價格錨定、誘餌效應到字體設計與菜單排序，每一個細節都可能是經濟學與行為科學聯手設下的精密機關。

➡ 價格不是隨便訂的，而是精算後的心理引導

現代餐飲業者普遍不以「成本乘以 2 或 3」的方式隨意定價，而是結合目標客群、餐廳定位與心理學原則，制定出具有策略性的價格矩陣。例如：

- ❖ 使用「9」或「8」結尾，讓價格看起來比較便宜（例如 149 元看起來比 150 元划算）；

第一節　餐廳如何用定價操控你的直覺？

- 設定「非圓整數價」，如「468 元」讓人難以快速估算價差，減少理性比較；
- 將價格分散在不同區間，讓顧客自動選擇中價位（此現象稱為「中間效應」）。

這些策略不只讓餐點看起來更「值得」，也讓顧客更容易「快速下決定」，減少猶豫時間與放棄消費的機率。

錨定效應：
最貴的菜不是用來賣的，是用來影響你

心理學上的「錨定效應」（anchoring effect）指的是人們在做判斷時，會過度依賴最先接觸到的數字。應用在菜單設計上，就是把某道超高價餐點放在最前面——不是為了賣出它，而是為了讓其餘選項看起來更合理。

當你看到 1,980 元的戰斧牛排，你會潛意識將它當成「價格參考點」，之後再看到 580 元、680 元的菜色，自然會覺得划算。這種「比較價值」勝過「絕對價格」的認知模式，使得餐廳能在不實際賣出高價菜的情況下，推動中高價位菜色的銷售。

第四章　誰設計了你的選擇？當菜單變成心理操控工具

➡ 誘餌效應：你以為自己選的是最理性選項？

設想菜單上有三道義大利麵：

- ❖ 基本款：海鮮義大利麵，480 元
- ❖ 豪華款：龍蝦義大利麵，780 元
- ❖ 中階款：綜合海鮮龍蝦麵，720 元

大多數人會覺得第一道太陽春、第二道太貴，而第三道則顯得「划算又豐富」。但這正是誘餌效應（decoy effect）的應用：中間價位商品設計成「相對超值」，誘導顧客選擇。

你以為自己做出理性選擇，其實是被設計好的「比較組合」引導。這種策略廣泛應用於套餐設計、飲品升級（小中大杯）、配菜加價等情境，是最隱性卻最有效的心理操控手段之一。

➡ 視覺與結構設計：一頁菜單也有大學問

除了價格本身，菜單的視覺與版面設計也會影響選擇。例如：

- ❖ 無貨幣符號：去掉「$」符號可減少顧客對價格的敏感度。
- ❖ 文字描述細節化：將「牛排」寫成「炭火慢烤肋眼牛排佐巴西里醬」，可增加價值感。

第一節　餐廳如何用定價操控你的直覺？

❖ 品項排序技巧：將利潤高、想推銷的品項放在第一個或最後一個位置，提升點選率。

這些小技巧無關烹飪或服務品質，但卻能有效改變顧客點菜行為。餐廳菜單就是一個經濟心理劇場，每一頁都在說服你「這樣點才划算」。

➡ 小結：你以為你在選餐，其實是菜單在選你

菜單從來都不只是食物列表，它是一份設計精密、結合心理與經濟的「選擇劇本」。我們在菜單前的每一次抉擇，看似自主，實則在經營者設計好的框架中遊走。

理解這些定價策略與心理效應，不是要我們拒絕消費，而是要讓我們更有意識地做選擇。下次當你看到一份「價格設計精妙」的菜單時，不妨提醒自己：我是因為想吃這道餐，還是因為它剛好被放在那個位置、那個價格、那種描述？

唯有認清選擇背後的操控機制，我們才能在吃喝中成為真正的主角，而不是被引導的觀眾。

第四章　誰設計了你的選擇？當菜單變成心理操控工具

第二節
「天價主菜」的存在意義是什麼？

在一家高級牛排館的菜單上，你或許會看到一道定價 2,980 元的「極黑和牛肋眼」，分量不多、介紹華麗，看起來尊貴無比。這樣的「天價主菜」，你可能從未點過，但它始終穩坐菜單一隅。問題是：若沒有人真的點，它為何還要被放在菜單上？

這並非浪費，而是一種設計 —— 一場結合價格策略、行為心理學與經濟效應的深思熟慮。事實上，這些超高價餐點的存在，本身就是一種工具，用來「操縱其他選項的感覺價值」，進而引導你點選對店家最有利的中高價位商品。

➡ 超高價選項的心理效應：錨定與參照

在行為經濟學中，「錨定效應」是指人們在判斷價格或價值時，會過度依賴第一個看到的數字。當你翻開菜單第一眼看到「極黑和牛肋眼 2,980 元」，之後的每一道 600 元、680 元的餐點，瞬間就顯得「親民」、「划算」。

這種感受並非來自餐點本身的內容變動，而是你的大腦自動參照那個「天價」作為基準點。這種錨定效應大幅改變了

第二節 「天價主菜」的存在意義是什麼？

你對整份菜單的定價印象，甚至讓你覺得：花 880 元吃個肋眼牛排，竟然是一種節省行為。

這時，消費行為已不再是單純的價格比較，而變成「價值錯覺」下的選擇行為。你認為自己做出最理性的決策，其實早已掉入了餐廳的價格設計陷阱。

➡ 不為銷售而存在，卻是銷售的關鍵

「天價主菜」的存在有三個關鍵目的：

- 錨定效應：前述心理參照，讓其他選項顯得便宜。
- 品牌形象塑造：高價商品強化「高端」、「尊榮」、「專業」的品牌印象，即使沒賣出，也成功建立餐廳在顧客心中的高價值感。
- 社會區隔工具：部分消費者會點選高價品項來展示身分與地位，這種行為為餐廳創造高利潤，同時營造出「這裡是有階層感的地方」。

這種設計被廣泛運用於中高價餐廳、酒店 Buffet、婚宴套餐，甚至連影城爆米花套餐也有類似邏輯 —— 最大杯超過 200 元，但其實目的是讓你選中杯 180 元那杯「感覺比較值得」。

第四章　誰設計了你的選擇？當菜單變成心理操控工具

➡ 「奢侈錨」與「價值錯覺」的交織效應

心理學中有一個名詞叫「奢侈錨」（Luxury Anchor），即用極端高價作為起始點，使得顧客對其他價格喪失精確評估能力。

當你一邊閱讀菜單，一邊感受到：「這家店有三千元的牛排，那我吃個 980 元的漢堡不算什麼」，這就是奢侈錨的效果。你不再根據市場行情或自身預算做選擇，而是受到店家「編排」出來的價值架構所影響。

這會讓你的消費邊際持續上升，即使初衷是想省錢，也可能在「比較之下」選了價格較高的選項。

➡ 餐廳的成本效益考量：為什麼還是要放？

你可能會問：「這種菜會不會變成食材浪費？如果沒有人點怎麼辦？」事實上，這些「天價主菜」的食材通常不是常備，而是預訂才進貨，或可與其他菜色共用食材。例如一份和牛肋眼可分切給三道不同餐點、或在限量週末套餐中使用。

此外，即使一整月只賣出一兩份，其創造的心理效益、品牌定位與推動中價商品的銷售提升，也足以回收成本。這種設計屬於「低頻高效益資產」，不是要賣多，而是要存在，存在就有價值。

➡ 小結：不是你不想吃，是他不需要你點

天價主菜不在於它有多誘人，而在於它有多「聰明」。它的存在不是為了讓你買，而是讓你「不買它的同時，買了別的更貴的東西」。

當我們意識到這種操作背後的策略邏輯，我們也就更有能力在菜單設計下保持理性，做出真正符合需求與預算的選擇。

因為真正懂得經濟學的人，不是會避開高價選項，而是看穿高價選項的功能角色 —— 然後點下自己真正想吃的那一道。

第三節　套餐組合背後的選擇誘導策略

「加價 50 元升級套餐，多了飲料跟甜點喔！」這句話你是否再熟悉不過？從早餐店到火鍋店、速食店到精緻餐廳，套餐組合早已成為餐飲日常。但我們真的「賺到」了嗎？還是，只是落入商家精心設計的選擇陷阱？

套餐看似方便、省錢、划算，實際上卻是行為經濟學與定價策略交織的展演場域。這一節將揭開套餐組合背後的經濟學原理，幫助你看清那些被包裝起來的誘導機制。

第四章　誰設計了你的選擇？當菜單變成心理操控工具

➡ 套餐的第一層邏輯：利潤最大化

從供應端看，餐廳設計套餐的最大動機在於「提升客單價」。一個便當原價 90 元，加 50 元附飲料與甜點，看似賣 140 元，但實際上飲料與甜點的成本可能不到 20 元，這意味著多收的 30 元是毛利。

而從消費者端來看，心理上會覺得「反正單點飲料也要 40 元，現在加 50 元有兩樣，多賺一樣」，實際上這就是「比較式定價」策略：讓你用單品價格做參考，導引你選擇套餐。

這樣的搭配設計使得套餐看似划算，實則提升了平均利潤，這就是餐飲業在規模營運下的典型「邊際利潤堆疊術」。

➡ 誘導點餐的心理工具箱

套餐設計常見幾種誘導策略，包括：

- ❖ 預設選擇（default setting）：菜單上標示「推薦套餐」，讓顧客直接選擇無需思考，降低猶豫成本。
- ❖ 時間限制（limited time offer）：例如「只有平日中午才有的套餐價」，製造稀缺性，引發快速決策。
- ❖ 層級分化（tiered pricing）：提供 A、B、C 三種套餐，從最低價到最高價，誘導消費者選中間價位（中間效應）。

第三節　套餐組合背後的選擇誘導策略

- 選擇疲勞（choice fatigue）：當單點選項太多時，套餐成為簡化選擇的快捷方式。

這些策略並非單純行銷話術，而是根據人類認知機制設計的行為經濟誘導裝置。

➡ 餐飲業的利潤結構與套餐依賴

在高人事與高租金的臺灣餐飲業環境中，許多業者必須依賴「組合式利潤」來撐起營收結構。舉例來說，主餐利潤低，但副餐與飲品利潤高，因此透過套餐將這些高利潤品項「綁進來」，就能大幅提升整體利潤表現。

這也讓許多店家在營運策略上，更重視「套餐設計力」勝過「單品美味度」，因為只要設計得宜，就能讓多數顧客自願「升級選擇」。

➡ 套餐中的認知偏誤：價值錯覺與沉沒成本

套餐之所以成功，也來自於消費者心理偏誤的配合：

- 價值錯覺（value illusion）：被多項品項的數量所吸引，忽略實際需求。
- 沉沒成本謬誤（sunk cost fallacy）：點了套餐後，即使吃不完，也會認為「不吃虧」，強迫自己消化所有品項。

- 參照點扭曲（reference point distortion）：用單點價作比較基礎，使套餐顯得超值，即使實際花費更多。

這些偏誤讓消費者對套餐失去客觀判斷力，而套餐設計也正是針對這些偏誤做出最佳化安排。

➡ 如何做出真正有意識的選擇？

如果我們要跳脫套餐的心理陷阱，不是拒絕套餐，而是培養「選擇意識」。以下是幾項建議：

- 詢問自己：我真的會吃完這些嗎？
- 計算實際單點價格差異與自身偏好
- 避免因「怕吃虧」而多花錢、多攝取熱量
- 不要被「數量」沖昏頭，回歸品質與需求

這些策略有助於我們在面對套餐誘惑時，不是憑感覺決定，而是根據真實需求做出選擇。

➡ 小結：你的點餐，是他們設計好的流程

套餐設計不是隨意配一配，而是精密設計後的行銷劇本。從價格錨定、選擇架構到心理誤導，每一個選項背後都有人為設計與利潤策略。

這不代表套餐不好,而是要讓我們理解其中的經濟邏輯——在「看似划算」的選項中,真正拿回自己的選擇權。

下一次服務生問你:「要不要升級成套餐呢?」你可以不用盲目點頭,而是多問自己一句:「這樣搭配,真的是我需要的嗎?」

當我們開始這樣思考的時候,才是真正把經濟學吃進肚子裡的時候。

第四節
小吃攤也懂毛利最大化:
價格背後的生意經

走進夜市,你可能會被一家家香氣四溢的小吃攤吸引。蚵仔煎80元、滷肉飯35元、鹽酥雞各種小點心25～50元,看似平民價位,卻讓人一不小心就掏出好幾張鈔票。這些街頭攤販,雖無精美菜單、也不靠演算法行銷,但他們對價格與毛利的掌握,往往一點也不輸大型連鎖餐飲業者。

這一節,我們不談星級餐廳的定價策略,而是深入巷弄裡的庶民餐飲邏輯。從滷味攤的秤重手法,到早餐店的單品組合,再到鹽酥雞的「分項加價」,這些看似隨性的小吃經

第四章　誰設計了你的選擇？當菜單變成心理操控工具

濟，其實都建立在極度精準的「微利策略」、「高週轉」、「顧客心理操控」三大原則之上。

➡ 毛利最大化，從一根熱狗開始

許多小吃攤販的成功，來自於「成本極低卻能賣出高價」的商品設計。例如：一根熱狗成本不到 5 元，卻能賣到 25 元以上，毛利率高達 80%；一份炸豆干原料不到 8 元，卻能售出 40 元。這些商品靠的不是原料精緻，而是「消費者願意輕易買單」的特性──價格低、購買門檻低、決策速度快。

這些高毛利單品，被有意無意地安排在顯眼處、被店家不斷主推，目的是提升整體營收結構中的「平均毛利率」。即使顧客是為了 40 元的牛肉捲而來，最後多點一份豆干或貢丸湯，就已讓店家成功拉高每位客單價。

➡ 價格的「看起來合理」其實是「心理平衡」

為什麼滷味攤的計價常讓人感覺「不知不覺就破百」？除了分量模糊、價格標示不清之外，更重要的是攤販早已熟悉顧客的預期心理──一份看似簡單的選擇，會在結帳時讓人「難以退貨」。

這背後其實是將「交易決策」與「確認機會」脫鉤的策略：先讓你用籃子挑、再統一計價，一旦價格超出預期，大多數

第四節　小吃攤也懂毛利最大化：價格背後的生意經

人仍會付錢而非砍單。這種策略不是詐騙，而是一種「運用顧客認知惰性」的定價方式，成功避開「立即抗拒」心理。

➡ 單項價格切割，創造加購空間

以鹽酥雞攤為例，將所有品項單獨標價：花枝丸 35 元、甜不辣 25 元、四季豆 30 元……這種價格切割不僅降低入門門檻，也為後續「加點」創造空間。消費者在看到「每一樣都不貴」的前提下，更容易多點幾樣。

這是典型的「切割定價」（partitioned pricing）策略：每一樣看起來都小額，但總額加總卻往往超出預期。攤販透過這種方式，讓消費者以「自由選擇」為名，實現「非理性消費」的目的。

➡ 回本速度決定生存週期

在競爭激烈的臺灣小吃市場，回本速度幾乎決定攤販的生死存亡。這意味著他們必須以有限空間、有限品項、有限人力，創造出最高的「每小時計價能力」。

這也是為什麼熱門小吃攤會：

- 採用現金結帳避免刷卡成本
- 縮短備餐流程提升翻桌率

第四章 誰設計了你的選擇？當菜單變成心理操控工具

❖ 選擇高毛利低損耗的食材作為主力商品

每一個定價策略、供應品項甚至營業時間，都是基於「最快速達成毛利平衡」的邏輯設計。這些設計不僅是市場經驗的累積，也是微型經濟體系下的極致實踐。

➡ 小結：庶民經濟學裡的價格智慧

在你一邊吃著蚵仔煎、一邊抱怨「又漲價了」的同時，或許沒發現：眼前這攤販比起 MBA 經理更熟悉成本結構與價格心理。小吃攤不是沒有商業邏輯，而是用最接地氣的方式，運用微型價格策略最大化利潤。

他們不靠品牌、不靠網路行銷、不靠會員系統，但他們懂得每一塊錢的心理重量，也懂得如何讓顧客掏出下一張鈔票。這些不起眼的庶民攤位，其實正是經濟學最貼近生活的展演現場。

第五節
價格歧視的灰色地帶：
從顧客分級看倫理問題

你是否曾經發現，一間餐廳在外送平臺上標價與現場價不同？或是一樣的拉麵，外帶比內用便宜，信用卡刷卡價與現金價也有差距？甚至在某些情況下，熟客有隱藏菜單或特別折扣，而觀光客則被安排坐在貴價區。這些現象，其實都屬於經濟學上所謂的「價格歧視」（price discrimination）。

價格歧視是指同樣的商品或服務，根據顧客的不同條件（如支付能力、消費行為、地點或時間），給予不同的價格。從企業角度來看，這是一種利潤最大化的手段；但從社會角度來看，它也引發倫理上的模糊地帶與公平性的質疑。

➡ 一級、二級與三級價格歧視：
理論與現實的落差

經濟學將價格歧視分為三類：

1. 一級價格歧視

也稱完全價格歧視，企業對每一位顧客收取其願意支付的最高價格，理論上可吸收全部消費者剩餘，實務上難以實現。

2. 二級價格歧視

依購買量或產品組合設計不同價格，如「買一送一」、「大杯比較划算」、「套餐比單點便宜」。

3. 三級價格歧視

依據消費者屬性（學生、老人、地區差異）收取不同價格，例如學生優惠、當地人價與外國人價。

在現實生活中，多數餐廳運用的是二級與三級價格歧視，藉此區分顧客族群，導引不同消費行為。

➡ 當價格成為分級工具：看不見的餐桌階層

餐飲業中常見的分級價格策略包括：

- ❖ 熟客提供隱藏菜單與額外贈品
- ❖ 外送平臺價高於現場內用
- ❖ 現金價與信用卡價差別對待
- ❖ 店家根據外觀與語言決定推薦菜單或座位安排

這些手法不一定違法，卻創造出一種「消費階級感」，讓不同顧客感受到被差別待遇，甚至引發不公平感與社會排斥感。

特別是在觀光景點或熱門餐廳，許多外地遊客或非當地

第五節　價格歧視的灰色地帶：從顧客分級看倫理問題

語系顧客遭遇「觀光價」、「坐冷氣區加價」、「必須點套餐不可單點」等隱形條款，這些行為正是三級價格歧視的極致應用。

➡ 價格歧視的合理性與爭議性

從企業經營角度來看，價格歧視有其正當性——藉由價格彈性區隔市場，提升營收與資源效率。例如學生票、長者餐，是基於不同所得與需求所設計的社會友善政策。

但當這種區隔缺乏透明性，或明顯針對無法抗辯的群體（如觀光客、陌生人），就容易被視為剝削或不道德行為。例如：同桌用餐卻只有部分人可享特價、結帳後才發現有內用服務費但未標示等情況。

價格歧視的界線，往往就在於「資訊透明」與「選擇自由」。當顧客被告知價格差異且可自由選擇時，則可接受度較高；反之，若以資訊不對稱為手段、強迫搭售、限制選項，就會引發信任危機與顧客流失。

➡ 消費者如何辨識並應對價格歧視？

要辨識價格歧視，首先要具備基本的「消費者價格意識」：

- ❖ 多平臺比價：查看現場、外送平臺、訂位網站等是否價格一致。

- ❖ 主動詢問收費項目：如服務費、座位費、最低消費是否公開揭示。
- ❖ 觀察是否依顧客外貌、語言差異提供不同方案。
- ❖ 運用消保法或平臺申訴機制維權。

此外，也可透過社群回饋與評論平臺提升資訊透明，讓其他顧客能及早避開價格陷阱，共同對抗不合理的價格歧視。

➡ 小結：公平與利潤的拉鋸，是市場永恆的課題

價格歧視本身並非錯誤，而是一種經濟運作機制。關鍵在於它是否被濫用、是否造成不公平或資訊不對稱的現象。

我們不能也不應該完全消除價格差異化，但我們應該要求其「公開、清楚、讓人選擇」。這樣，價格不再是區分人的工具，而能成為讓市場更有效率、讓消費更符合需求的橋梁。

畢竟，在一張菜單上看到不同價格的我們，真正想吃的，是尊重、是理解，而不只是填飽肚子。

第六節
為何我們總點中間價？
心理價位的設定藝術

「您要點小杯、中杯還是大杯呢？」面對這種選項，我們往往會不自覺地說出：「中杯就好。」這樣的選擇背後並非隨意，而是深植於人類心理傾向中的「中間偏好效應」（center-stage effect）。事實上，餐飲業者早已看透這一點，並巧妙運用在價格設計與菜單排序上，引導顧客做出對店家最有利的決策。

本節將從心理學與行為經濟學的角度，解析我們為何會選擇「中間價」，並探討這種現象如何在菜單設計、套餐組合、飲品分級中悄悄發揮影響力，最後進一步思考其背後的倫理界線與應對策略。

➡ 中間效應是怎麼運作的？

所謂中間效應，是指當人們面臨三個或更多選項時，傾向選擇中間的選項，而非極端高價或低價。這種偏好來自幾個心理邏輯：

❖ 安全心理：中間價位被視為「不會太差也不會太貴」的穩妥選擇。

第四章　誰設計了你的選擇？當菜單變成心理操控工具

- ❖ 合理性幻覺：消費者認為選擇中價是經過思考、非衝動的行為，帶有一種「理性消費」的自我認可感。
- ❖ 社會認同影響：我們潛意識認為多數人應該也是選中間選項，跟風選擇以獲得歸屬感。

這些心理驅力結合之下，使得「中間價」成為商家最能操控的價格帶，亦是利潤與銷售的最大重心。

➡ 餐飲業如何設計中間價區？

在實務中，餐飲業者會以「三段式設計」將品項區分為基本款、中階款與高階款。例如：

- ❖ 咖啡店：美式（中杯70元）、拿鐵（中杯90元）、摩卡（中杯120元）
- ❖ 拉麵店：基本豚骨（180元）、加蛋叉燒（230元）、雙倍肉特製（300元）
- ❖ 早餐店：漢堡（40元）、漢堡＋蛋（55元）、總匯漢堡（75元）

此時業者的重點並不在於高價款是否熱賣，而是讓中間選項看起來「物有所值」。中間價位往往具有最高毛利，因為成本略升、價差卻明顯。

第六節　為何我們總點中間價？心理價位的設定藝術

➡ 「加一點點更划算」的心理誤導

許多菜單或服務生推薦會說：「加 20 元升級更豐富喔！」這類說法利用的就是「邊際價格感知遲鈍」──當總價已經高達 200 元時，多加 20 元似乎「沒差」，但這些小額加價累積起來卻顯著提升了消費金額。

例如：套餐價為 250 元，可加價升級牛肉為 270 元，表面看只差 20 元，但實際上邊際利潤可能提升 2 ～ 3 倍。消費者為了追求「不虧」與「價值最大化」，反而做出了不理性的消費決策。

➡ 顧客如何跳脫中間價格陷阱？

了解這些操作邏輯後，顧客可以採取以下策略：

- 先設定預算，再看選項，而非反過來讓選項框住預算。
- 跳脫三段式思維：考慮自己實際需求，而非選項位置。
- 避免預設合理感：意識到中價選項未必最適合自己。
- 要求品項透明與內容明確：有些中階選項實際內容並未提升，只是話術不同。

透過這些策略，我們可以避免因為「怕選錯」而被推向中間價位，反而找到最符合需求的選擇。

第四章　誰設計了你的選擇？當菜單變成心理操控工具

➡ 小結：選擇中間價，未必是中庸之道

中間價位的設計，不只是價格設定，而是一場心理賽局。餐飲業者了解人性的避險傾向與理性幻覺，設計出看似安全、實則導向利潤極大化的選項架構。

當我們開始反思自己「為何總點中間價」時，也就跨出了從「被設計」到「做主選擇」的第一步。

畢竟，吃的不只是食物，也是選擇的自由。而這份自由，得靠認知覺醒與知識武裝來守護。

第七節
限時優惠與集點卡：
認知偏誤的經濟學應用

「今天是最後一天買一送一！」、「集滿五點送一杯咖啡！」、「限時三天外送免運！」這些看似熱情又充滿誘因的促銷訊息，幾乎充斥在每一間餐飲店的日常中。但你是否想過，這些看似「幫你省錢」的設計，其實正悄悄牽動著你的心理偏誤，讓你做出不一定最理性的經濟決策？

本節將從行為經濟學與心理學角度切入，解構餐飲業最

第七節　限時優惠與集點卡：認知偏誤的經濟學應用

常見的兩大策略工具——限時優惠與集點卡——背後所依賴的認知偏誤機制，並說明它們如何影響你的消費決策與行為模式。

➡ 限時優惠如何讓你失去判斷能力？

限時促銷背後最強大的心理工具就是「損失厭惡」（loss aversion）。根據行為經濟學家丹尼爾・康納曼（Daniel Kahneman）與阿摩司・特沃斯基（Amos Tversky）的研究，人類對損失的感受遠大於對同等利益的感受。也就是說，你會因為「錯過折扣而損失50元」感到痛苦，遠高於「省到50元」的快樂。

於是，「限時優惠」讓我們進入一種急迫的焦慮狀態，誤以為「不買就虧了」，進而做出原本不打算進行的消費行為。

這種行為被稱為「時間壓迫型決策偏誤」，在腦中開啟自動反射模式：不用比較、不再猶豫，只要快點搶下來。

➡ 集點卡如何讓你無限投入？

集點卡（loyalty program）看似簡單，其實是設計精密的「行為養成工具」。它的邏輯是：讓你在每一次消費後獲得一點回報，建立「投入就有產出」的心理機制，強化未來的持續消費意願。

第四章　誰設計了你的選擇？當菜單變成心理操控工具

這類機制利用了幾種認知偏誤：

- ❖ 沉沒成本謬誤：已經集了三點，若現在不再消費，前面三次好像白費了。
- ❖ 承諾一致性偏誤：我都開始收集了，表示我認同這個品牌或店家，應該繼續支持。
- ❖ 目標階梯效應：看見「集滿十點換一杯」的卡片，會產生「未完成的事要完成」的壓力感。

其中，「快要完成目標」的激勵最為強烈。根據研究，若一張十點集點卡先蓋兩個，顧客完成其餘八點的機率遠高於從零開始集的情況。

➡ 餐飲業為何偏好這兩種策略？

限時優惠與集點卡對餐飲業者而言具有三大優勢：

- ❖ 促進短期營收：限時活動可迅速拉高客流與銷售。
- ❖ 培養長期習慣：集點設計讓顧客進入「行為黏著期」，增加重複購買率。
- ❖ 避開價格戰爭：這類心理策略不會直接讓品牌貶值，與打折促銷不同。

第七節 限時優惠與集點卡：認知偏誤的經濟學應用

這些做法讓餐飲業者不僅用價格吸引人，更用心理預期鎖住人，從單次消費轉為固定客群。

➡ 認知覺醒：如何避免被誘導式消費牽著走？

若想跳脫這些策略的影響，我們可培養以下幾項心理抗體：

- ❖ 評估真實需求：是否真有需要消費？不是因為「活動快結束」。
- ❖ 計算每次花費總額：與平常無優惠時相比是否真的划算？
- ❖ 給自己設定限制點數：例如每週只消費一次，不因集點壓力而增加消費次數。
- ❖ 注意促銷語言陷阱：如「買一送一」是否真的便宜？還是提高了原價？

培養這些意識，有助於讓我們在面對促銷時保持主動，而非被動反應。

➡ 小結：懂行銷，更要懂心理

限時優惠與集點卡並不邪惡，它們是企業合理經營與行銷的一部分。但關鍵在於：我們是否能意識到這些機制背後的心理運作，並做出對自己最有利的選擇。

行為經濟學提醒我們，人的決策從來都不是完全理性。當我們透過認知學習與經濟知識武裝自己，就能在每天的吃喝中，吃出價值、喝出主控權，讓餐桌成為最有力量的選擇場域。

畢竟，會吃的人，不只是懂得挑美食，而是懂得挑決策。

第八節
你沒發現的價格升級術：
餐飲業怎麼悄悄提高你的消費額？

你原本只是想吃一碗拉麵，卻點了一份套餐、多加一顆溏心蛋、再外帶一杯手搖飲，結帳時發現比原本預期多花了120元。這不是偶然，而是餐飲業者早已設計好的「價格升級術」。它不像促銷那樣明目張膽，也不像加價購那樣明列其利，而是藏在菜單設計、點餐流程、服務語言與消費體驗裡，悄悄將你的消費金額一步步推高。

這一節將從行為經濟學與市場操作角度出發，拆解餐飲業如何以「非侵入式」的方式實現客單價升級，讓我們看見日常中那些未被察覺的價格策略。

第八節　你沒發現的價格升級術：餐飲業怎麼悄悄提高你的消費額？

➡ 價格升級的第一步：引導式語言

「要不要加顆蛋？」、「升級成套餐只要多加 39 元喔！」這些話術常常在點餐時出現，看似親切，其實是設計精準的引導語。

這類語言策略透過以下三種方式影響你的選擇：

- 語意框架設定：用「只要」、「加一點點」等詞彙降低價格感知。
- 行為預設提示：不問你「要不要升級」，而是問「升級哪一種比較好？」
- 「附加而非替代」邏輯：誘導你不是替換，而是附加選項。

這些語言的作用，就是將選擇權悄悄轉化為一種「義務式消費」——你會覺得不升級好像少了什麼。

➡ 升級設計的邊際效益誘導

餐廳會刻意設計加價升級選項，使「邊際價格增加」相對於「邊際價值增加」顯得划算。例如：

- 單點漢堡 100 元，升級套餐加 40 元，附薯條與飲料。
- 單點飲料中杯 35 元、大杯 45 元，讓你不自覺點大杯。

第四章　誰設計了你的選擇？當菜單變成心理操控工具

這些設計操作的是「邊際錯覺」（marginal illusion）：以最小差額創造最大感受差距，讓消費者感到「多一點很值得」。

但實際上，這些邊際升級的成本對店家極低，利潤卻大幅增加。

➡ 用環境設計推動消費層次提升

除了語言與價格設計外，餐廳空間與流程本身也是「升級術」的一環。常見的設計包括：

- ❖ 將高價產品放在視線焦點處：例如櫃檯前方擺放限量甜點。
- ❖ 用音樂、燈光與氣氛引導「體驗價值」提升：讓人願意為「用餐氛圍」支付額外費用。
- ❖ 桌邊推薦或半強迫推銷策略：例如服務員主動送上菜單以外的「今日特餐」。

這些策略屬於「選擇架構設計」（choice architecture），以非強迫方式重塑你的消費決策結構，讓你自願花得更多。

第八節　你沒發現的價格升級術：餐飲業怎麼悄悄提高你的消費額？

➡ 數位工具如何放大升級效應？

隨著線上點餐與外送平臺普及，價格升級術也進化為「演算法式推送」：

- 系統推薦「再加 40 元可獲免運」
- 結帳頁面主動彈出「搭配熱銷單品」
- App 根據消費紀錄預測偏好，推薦高單價組合

這些數位操作使得升級變得無需推銷，直接透過使用介面與數據建模完成引導，並且更精準地擊中個別使用者的心理弱點。

➡ 如何避免被悄悄升級消費？

預先設定消費預算與選項：避免在現場被引導影響。

- 拆解套餐價值：思考是否真的需要加購品項。
- 練習拒絕升級話術：如「不用，這樣剛好」。
- 對「一點點」升級保持警覺：這些小額加總起來往往不小。

第四章　誰設計了你的選擇？當菜單變成心理操控工具

➡ 小結：
價格不是騙局，是設計過的選擇框架

餐飲業的價格升級術並非詐術，而是對人性理解後的精密策略。問題不在於升級本身，而在於我們是否意識到這些升級是如何發生的。

當我們學會辨識引導語、解構選項設計、反思邊際效益，我們就能在面對升級選項時，做出真正基於需求與預算的決定。

這時候，經濟學不只是抽象理論，而是一把照亮菜單背後策略的手電筒。透過它，我們看清了那條從 40 元小加價一路通往高消費的斜坡，也學會在欲望與理性之間找到自己的立場。

第五章

吃到飽的真相：
自助餐裡的風險與幻想

第五章　吃到飽的真相：自助餐裡的風險與幻想

第一節
為何吃到飽會讓你吃太多？

　　自助餐，看似是一場讓人盡情享受美食的盛宴，也經常被視為「高 CP 值」的代表。然而，如果你曾經走進吃到飽餐廳，告訴自己「今天一定要吃回本」，最終卻發現自己吃得過撐、甚至感到疲倦與後悔，那麼你已經親身經歷了吃到飽背後的經濟學心理結構。

　　這一節將帶領讀者從行為經濟學與飲食行為的角度，解析為何「吃到飽」這種制度，讓我們容易不自覺地吃太多——即使那並不符合身體需求，也非理性選擇。

➡ 固定價格與「無限量」錯覺：吃多才能賺回來？

　　吃到飽的本質是一種「定價式無限供應」的交易模式。當消費者支付固定價格（例如 699 元）後，接下來所有的食物看似都是「免費的」，這種機制創造出一種強烈的「吃越多越賺」心理。

　　經濟學稱之為「邊際成本為零的消費行為錯覺」。當我們吃第一盤壽司時，覺得值得；當我們吃到第四盤炸雞時，明知已飽卻仍覺得「再多吃一點就更賺」，此時我們已不再為食慾吃，而是在回應制度結構下的心理壓力。

這種「為了效率而過度消費」的行為，反而讓吃到飽變成一場對身體負擔與心理焦慮的考驗。

➡ 行為經濟學的解釋：心理帳戶與沉沒成本

諾貝爾經濟學得主理查‧塞勒（Richard Thaler）所提出的「心理帳戶理論」指出，人們會將支出與行為分類，在吃到飽中，我們把「吃」視為回本的工具，而非單純滿足需求的行為。

當你花了 699 元吃吃到飽，你的大腦會自動啟動「我必須吃到值這個錢」的心態，導致你即使飽了仍繼續拿食物，因為你不想「浪費門票」。這是典型的「沉沒成本謬誤」：即便金錢已花，行為卻受到其影響。

換句話說，我們不是為了享受食物而吃，而是為了填補一個心理上的帳戶赤字。

➡ 自我競爭與社會比較：吃成一場賽局

在吃到飽的空間中，你不只是與食物互動，更是在與自己和他人競爭。你可能會想：「隔壁那桌看起來吃了三盤牛排，我才兩盤，我是不是吃虧了？」這種社會比較（social comparison）讓你陷入「吃得少＝輸」的思維。

第五章　吃到飽的真相：自助餐裡的風險與幻想

這種現象與心理學的「參照點效應」有關：我們的滿足感不是來自絕對數量，而是相對於他人的比較結果。在這種場域下，吃成了績效，體驗被效率化，食物成了競技場上的得分工具。

➡ 外在刺激的操控：環境設計讓你吃更多

吃到飽餐廳在空間與動線設計上也常巧妙安排：

- ❖ 光線明亮、冷氣舒適，提升用餐耐受度
- ❖ 自助吧動線安排巧妙，讓你更容易拿取澱粉類食物（如義大利麵、炒飯、麵包）
- ❖ 小分量多樣選擇刺激選擇欲望，使你無法克制「什麼都想吃一點」的衝動

這些設計讓原本不餓的人也會拿取過多食物，讓飽食訊號被壓抑，取而代之的是「選擇快感」與「品項稀缺恐懼」的主導。

➡ 大腦與腸胃的時間差：當飽足訊號來不及發出

從生理機制來看，飽足感並非立即反應，而需約 20 分鐘才會傳送至大腦。若你在前 15 分鐘內已吃下大量高油脂高糖分食物，那麼當飽足訊號來時，你往往已經吃超過身體所需。

這種「訊號延遲」現象讓吃到飽的模式特別容易造成過量攝取。再加上「一次拿足」、「避免浪費時間再排隊」等習慣，讓我們幾乎無意識地超越合理分量。

➡ 小結：吃到飽不只是選項，是心理遊戲

「吃到飽」的吸引力，其實建立在一連串的心理偏誤與制度設計上。我們以為自己在做選擇，實際上卻是在回應一場精密構築的經濟心理劇。

若能理解其中的機制，就能在面對吃到飽時不再被誘導過度消費，而是真正根據需求、節奏與身體狀態做出選擇。

經濟學不是教我們吃少點，而是幫我們認識：什麼時候，我們其實是在為錯誤的理由而吃。

第二節
沉沒成本效應：
你不是在吃，是在補回票價

想像一下，你花了 799 元走進一家高級吃到飽餐廳，本來只想吃個幾道自己喜歡的菜色，但當你看到隔壁桌已經第三盤生蠔上桌時，你內心的警鐘響起：「不行，我也要吃回

第五章　吃到飽的真相：自助餐裡的風險與幻想

本！」於是你開始不斷往自助區走去、端盤、吃，儘管早已沒有真正的食慾，卻還是告訴自己：「多吃幾樣，才划算。」

這種心態，正是行為經濟學中的經典陷阱——沉沒成本效應（sunk cost effect）。沉沒成本是指已經發生、無法收回的成本，無論後續怎麼行動，那筆支出都無法挽回。然而，我們的大腦卻會錯誤地將這筆「不可回收」的支出視為行動的依據，進而做出違背當下需求與理性的選擇。

➡ 錯把已經支付的成本當成評估標準

在吃到飽的情境裡，票價的支付往往發生在進門時，也就是你在吃第一口之前，已經付出成本。但心理帳戶理論指出，我們會把這筆支出標記為「尚未回本」，直到認為所吃食物價值已超過支出為止，這才算「平衡帳面」。

因此，明明已經飽到站不穩，卻還是回頭拿了兩隻烤蝦、一碗牛肉湯，只為了告訴自己「這餐值得」。你並不是為了食物而吃，而是為了情緒與帳面心理的平衡。

➡ 「吃回本」的陷阱：誰說吃越多越划算？

讓我們用一個簡單例子來看：假設你平常點套餐一餐200元，若在吃到飽餐廳吃進相同的分量，顯然不值799元。但我們的大腦不這麼看，它會不斷提示：「還差三盤壽司才能

第二節　沉沒成本效應：你不是在吃，是在補回票價

補到划算值」、「再一碗牛排湯就接近上次吃的分量」……這些心理對話，使你將「吃得多」與「賺到」劃上等號。

但實際上，你可能吃進了不必要的熱量、拉長用餐時間、甚至身體不適。這就是沉沒成本的可怕之處：它讓你以為在補票價，實則是在犧牲健康與理智。

➡ 實驗證據：沉沒成本如何改變行為

心理學家哈爾‧阿克斯（Hal Arkes）與凱瑟琳‧布魯默（Catherine Blumer）在 1985 年的經典研究中，設計了一個關於滑雪票的實驗。他們發現，若人們為兩張滑雪票支付不同價格，儘管使用時間相同，他們更傾向於使用那張較貴的票。原因是較高的沉沒成本增加了「必須使用」的心理壓力。

同理，在吃到飽餐廳，如果今天票價特別高、或是這間店被稱為「全臺最難訂」，你會更有強烈的動力逼自己吃多一點，以免「浪費機會」。這樣的邏輯雖然情緒上合理，經濟學上卻完全不合理。

➡ 如何跳脫沉沒成本的心理陷阱？

進餐廳前就設定自己的飽食邊界：不是吃多少值得，而是吃多少剛好。

- ❖ 提醒自己：票價已付出，無法回收，不必補償。
- ❖ 注意身體訊號，而非心理帳戶：學習分辨「餓」與「想賺回本」之間的差別。
- ❖ 練習中途停下來評估：問問自己，「我是真的還想吃嗎？」

這些做法不僅能讓你從沉沒成本中抽離，也讓每一次用餐回歸初衷：為了滿足身體、享受食物，而非抵銷金錢的焦慮。

➡ 小結：
你不是在吃，而是在與那張發票搏鬥

當你發現自己再三起身裝食物，卻感受不到真正的飢餓，那麼你可能正陷入沉沒成本效應的漩渦。

理解這個效應，不代表你要少吃，而是要清楚知道：當你吃，是為了身體還是為了心理補償？是出於需求，還是出於損失厭惡？

經濟學告訴我們，好決策的關鍵在於「不讓過去支出控制未來行動」。下次走進吃到飽餐廳前，提醒自己：票價不是一種負債，它只是進入空間的門票，而不是你必須吞下所有菜色的壓力來源。

第三節
「吃得多＝賺到」的心理經濟陷阱

在臺灣,「吃到飽」往往不只是用餐選項,更是一場心靈上的小型戰役。你可能聽過朋友這樣說:「我一口氣吃了八盤生魚片,超賺!」或者:「我專攻和牛與干貝,這樣才回本啊!」乍聽之下像是聰明消費的勝利宣言,實則背後藏著深層的心理經濟陷阱 —— 那就是「吃得多＝賺到」的認知錯覺。

這一節將深入探討為什麼「吃多就是賺」的思維模式是如何誤導我們的經濟判斷,如何在餐飲行為中混淆價值與成本的關係,並分析這種偏誤如何被商業策略利用,使消費者在誤以為自己占了便宜時,其實已經進入一種非理性消費的循環。

➡ **食量與價值的錯置:**
我們不是為了吃,而是為了勝利

從經濟學角度來看,「賺到」應該是指在效用大於成本的情況下做出選擇。但吃到飽的文化將這個邏輯顛倒成:「只要我吃得比付出去的票價多,就叫賺。」這種思維將效用與數量直接劃上等號,忽略了飽足感、健康成本與消化負擔等隱性代價。

第五章　吃到飽的真相：自助餐裡的風險與幻想

當我們把「吃多少」當成衡量價值的唯一指標，就容易落入「暴食＝划算」的謬誤邏輯。

➡ 「最大化」的文化灌輸：從促銷語到社會期望

這種思維模式並非與生俱來，而是被商業語言與社會文化所強化：

- 店家宣傳語如「吃越多越划算」、「CP值爆表」無形中將「多吃」與「贏家」劃上等號。
- 社群媒體中晒出大胃王戰績的照片、影片，建立「吃得多＝值得炫耀」的價值觀。
- 同儕間的比較與慫恿：「你才吃這樣？不划算啦，這間有帝王蟹欸！」

這些語言與符號構成了一種集體意識，使消費者在無意識中建立起以食量為核心的價值認定方式。

➡ 餐廳如何設計「吃多＝賺」的錯覺？

聰明的餐飲業者早已洞悉這個心理陷阱，並藉由設計來強化這種錯覺。例如：

第三節 「吃得多＝賺到」的心理經濟陷阱

- 高價品項稀釋策略：每盤中只放一兩片牛肉，讓你必須重複取餐才能達到「吃夠本」的心理門檻。
- 強化品項數量感：標示「多達 200 種菜色」，即使你不可能全部嘗過，也會覺得「選擇多就值得」。
- 區域分布誘導：高熱量、低成本食物如澱粉、甜點集中擺放在最容易取用的區域。

這些設計讓人不知不覺中吃得更多，同時還以為自己在「精明消費」。

➡ 代價是什麼？從經濟到身體的損失

「吃得多」真的就等於賺到嗎？事實上，這樣的錯覺所造成的代價，遠比想像中高：

- 健康風險：暴飲暴食造成腸胃負擔、脂肪攝取過量、甚至影響長期代謝。
- 時間成本：為了多吃而拉長用餐時間、排隊等候、再三取餐，實則是高成本行為。
- 快樂遞減：越到後面吃得越多，享受感反而遞減，甚至出現反感與罪惡感。

這些成本雖然未在菜單上明列，卻真實存在於每一次「吃得太撐」的經驗裡。

第五章　吃到飽的真相：自助餐裡的風險與幻想

➡ 如何破解這個陷阱？

重新定義「賺到」的標準：以「吃得剛好、吃得開心」取代「吃得多」作為價值評估。

❖ 練習覺察自己的食慾：問問自己「我還餓嗎？」而不是「我吃夠本了嗎？」
❖ 以品質替代數量的選擇方式：選擇自己真正喜歡的幾道菜，好好享用，而不是什麼都拿一點。
❖ 不要被他人影響決策：每個人的飽足感與需求不同，不需用別人的食量來判斷自己的價值。

➡ 小結：你不是在省錢，而是在賠上理性

「吃得多＝賺到」的信念，其實是餐飲消費中最深層的經濟學迷思之一。當我們不斷追求用胃容量換取心理補償時，失去的不只是健康與時間，更是一種理解價值的能力。

經濟學並非反對吃到飽，而是提醒我們：「最大化」不代表「最適化」。當你下次走進吃到飽餐廳，不妨換個視角——你不是來打仗的，你是來享受的。

第四節
自助吧菜色設計的背後策略

走進吃到飽餐廳時，我們往往被琳瑯滿目的菜色吸引，感覺自己進入了食物的萬花筒：從沙拉吧、壽司、海鮮、熱食、甜點到冰淇淋，彷彿應有盡有、誠意十足。但若你以為這一切的設計只是為了顧客「多吃一點」、店家「好客大方」，那你可能忽略了這背後精密的心理與經濟布局。

本節將揭示自助吧菜色配置的邏輯，從人流動線、食材組合、顧客心理反應到邊際成本操作，解析餐廳如何透過菜色設計悄悄掌控你的選擇與消費行為，讓你自以為「吃得自由」，實際上已深陷結構化選擇的網絡之中。

➡ 動線安排：讓你走進他們的預設劇本

自助吧的第一關，便是動線。許多餐廳都會將澱粉類、沙拉、炸物等高飽腹感低成本食物放在最前面，而將高價肉品、海鮮或現做料理安排在動線後段或獨立區域。

這種設計目的有三：

- ❖ 心理飽足優先：先拿一大盤沙拉、義大利麵與炸物，身體還沒飽，心理已先滿足。

第五章　吃到飽的真相：自助餐裡的風險與幻想

❖ 推遲高成本選擇時點：當你走到和牛、干貝、現切牛排區時，已無力也無胃納再多取。
❖ 控制尖峰時段壅塞區域：高價區獨立動線可以分散人流、避免顧客集中衝向熱門菜色。

這不是善意，而是一種極為有效的「消費導引策略」，讓你高效填飽肚子卻難以吃下最貴的食材。

➡ 顏色、容器與擺盤：視覺心理的操控術

研究指出，色彩會影響食慾與取用量。餐廳常以橘色、紅色等刺激色裝飾主食區，使用深盤、圓盤或鏡面盤加強「豐盛感」與「專業感」。

而甜點區的巧克力噴泉、繽紛糖霜蛋糕、透明果凍則是視覺誘惑的極致展演，讓你在明知已飽的情況下仍難以抗拒。這種「顏色與質地心理操控」可視為餐飲空間中的非語言銷售策略。

此外，使用小碟分裝、單分量供應（例如單顆壽司、單串烤肉），也能控制顧客一次取用的量，同時創造「精緻」與「有誠意」的印象，實際上卻是成本控制的手段。

第四節　自助吧菜色設計的背後策略

➡ 項目繁多卻稀釋關鍵：
如何讓你吃不到太多高價品？

你是否曾在自助餐中看到「200 道料理」、「30 種甜點」、「12 種湯品」的誇張標語？這些數字背後，其實是「項目稀釋策略」：

❖ 用多樣化掩蓋單一品項稀少：即便提供和牛，也僅一種做法、少量供應；干貝分為烤、炒、蒸三種，每種都分散供應，實則限制總量。

❖ 製造「輪流補菜」的假性短缺：部分餐廳高價菜色不斷補貨，但刻意慢補、讓客人排隊或等待，降低取用頻率。

❖ 精緻分量控制總攝取：以小容器限制每人拿取數量，營造「吃了很多」的錯覺，但實際每人分量不多。

這樣的設計讓餐廳在營造「什麼都有」的同時，有效控制高成本食材的損耗與總取用量。

➡ 心理與順序：菜色位置如何左右選擇？

餐廳常將特定菜色安排在顯眼處，例如入口正前方放置色彩鮮豔的水果或甜點、沙拉區大面積鋪陳，讓人自然地以此開場。

而現做料理往往安排於需等待的「緩衝點」，利用等待時

第五章　吃到飽的真相：自助餐裡的風險與幻想

間拉長整體取餐節奏，讓你在動線中自然錯開高價菜色的集中點餐狀況，降低餐廳壓力，同時也讓你在等候中「回頭再拿一次前面吃過的品項」。

這些微妙排序不只是美感安排，而是消費行為心理學的具體實踐。

➡ 小結：
不是你選食物，而是菜色設計在選你

吃到飽並不只是讓你自由拿取食物，更是一場由動線、顏色、擺盤、順序與訊息控制所交織的設計工程。

餐廳不是單純地「讓你吃飽」，而是設計一個讓你「覺得吃很多、覺得滿足、卻不真正超出他們成本預算」的消費體驗。

經濟學提醒我們，選擇不等於自由。在下一次走進自助餐廳前，若能看穿這些策略設計，就不會誤以為眼前是任君取用的饗宴，而能真正從中選出符合自己需求、滿足感與節奏的那一道菜。

第五節
餐廳如何計算平均消耗與極端顧客？

　　吃到飽的餐廳表面上像是在進行一場自由的食物盛宴，實際上卻是以數據與統計學為核心所建構的營運機制。當我們以為自己隨心所欲選擇食物時，餐廳其實早已透過長期觀察、資料分析與成本精算，掌握了大多數人的消費模式與食量範圍。

　　這一節將揭示餐廳如何透過「平均消耗模型」、「極端顧客風險管理」與「動態菜色策略」等經濟工具，有效控管營運風險、預測成本，並在不影響消費體驗的前提下穩定利潤率。

➡ 平均消耗量的推估：吃多少是合理預測？

　　餐廳經營者通常會根據歷史資料與日常觀察建立「平均每人食材消耗量」的基準值。例如：

- ❖ 平均每人攝取肉類 400 克、海鮮 150 克、主食（飯麵）300 克、甜點類 200 克
- ❖ 飲料平均攝取 1.2 杯，冰淇淋平均 0.6 球

第五章　吃到飽的真相：自助餐裡的風險與幻想

這些數字並非臆測，而是透過 POS 系統銷售數據、廚房出菜紀錄與回收廚餘重量所推估出來的。根據這些平均值，餐廳能夠設計菜單內容、預估每日進貨量與控制現場補菜節奏。

此外，餐廳也會根據「午餐／晚餐」、「平日／假日」、「熟客比例」、「季節變化」等因素，建立更細緻的分群預測模型。

➡ 極端顧客的風險管理：
大胃王與只吃高價品怎麼辦？

極端顧客指的是超過平均消耗 2 倍以上的少數人，或是專挑高價食材（如和牛、生蠔、干貝）進食的「利潤黑洞型顧客」。雖然這些顧客占比不高，但若未加控管，可能導致營收嚴重失衡。

餐廳因應方式包括：

- ❖ 單人消費時間限制：限制用餐 90 分鐘，有效壓縮極端食量發揮時間。
- ❖ 高價食材設限供應：如現切牛排區一次僅供應一片，須重新排隊。
- ❖ 補菜速度節奏控制：將高價區補菜頻率拉長，平均分配至多數顧客。
- ❖ 分批供應策略：和牛、海膽等品項於特定時段推出，避免集中消耗。

第五節　餐廳如何計算平均消耗與極端顧客？

這些策略讓餐廳能在不明顯得罪顧客的情況下，有效控制成本外溢風險。

➡ 利潤公式中的「均衡」運作

吃到飽餐廳的基本公式為：

收入（固定票價）－平均成本（含食材、人事、水電）＝利潤

當少數顧客消耗高於預期時，餐廳需依賴其他消費者的「低食量貢獻」來拉回平均。因此，幼童、年長者、小食族與女性族群常被視為利潤來源。

許多業者甚至會在促銷策略中主打「親子用餐優惠」、「女性平日折扣」等，正是建立在這些族群平均食量低、邊際成本低的前提上。

➡ 資料驅動的動態調整：今天菜色怎麼定？

現代餐廳透過科技工具（如雲端點餐系統、CRM 顧客資料庫），可即時追蹤某日、某時段、某客群的消費模式。根據這些資訊，廚房能靈活決定：

- 哪些菜色需大量備料（如高熱量主食）
- 哪些高價品項減量供應（如生魚片）

❖ 當日不推什麼冷門菜（減少廚餘）

這種「資料導向廚務管理」已成為連鎖吃到飽業者的標配，甚至進一步運用 AI 分析客群類型，自動化調整補菜邏輯與陳列策略。

➡ 小結：背後的演算比你拿的那盤牛排還精密

當你一手拿著小龍蝦、一手再舀蘆筍濃湯時，或許沒意識到，這些看似自由的選擇，其實都已被計算進「平均模型」中。每一道菜、每一項補貨節奏，都是餐廳試圖平衡「滿足顧客」與「確保獲利」的精密運算。

吃到飽的真正精華，不在於誰吃得多、誰吃得巧，而是餐廳如何用一套看不見的經濟邏輯，讓眾多不同食量、偏好與消費行為的顧客，都能在固定票價下創造出最大效用。

這不只是管理藝術，更是經濟學與商業智慧的完美結合。

第六節
預期效用與風險態度：
食量 vs. 預估能力

在進入吃到飽餐廳的那一刻，每位顧客心中其實已經默默啟動了一場風險與報酬的計算。雖然不見得每個人會將其視為投資行為，但從經濟學角度來看，這的確是一場「以胃容量為本錢」的決策遊戲：我要吃多少才划算？如果我食量不如預期怎麼辦？高價食材值得搶先吃嗎？這些問題其實都是「預期效用」與「風險態度」的展現。

本節將深入剖析人們在吃到飽場域中，如何進行類似賭局式的預估，並從預期效用理論、風險偏好、過度自信與資訊錯覺等角度，來理解這場與自己食量對賭的消費決策。

➡ 預期效用理論：你以為你吃得下這麼多？

預期效用理論（expected utility theory）是經濟學中解釋風險下選擇行為的核心模型。應用在吃到飽情境中，顧客會在內心評估「我預期能吃到哪些菜、多少量、產生多少滿足感」，並將這些組合與固定票價進行效用比對。

問題在於，我們往往高估自己的食量與對食物的持續熱

第五章　吃到飽的真相：自助餐裡的風險與幻想

情，導致預期效用遠高於實際獲得。

舉例來說，進場前你可能預想能吃三盤肉、一盤海鮮、兩碗甜點與三杯飲料。但實際吃到第二盤時已開始飽足，卻仍勉強自己繼續進食，最後反而不適。這就是「預期效用錯估」：錯把想像中的滿足感當成可實現的現實。

➡ 風險態度與消費策略：你是冒險者還是保守派？

在吃到飽的策略選擇上，不同人的風險偏好會導致不同取餐行為：

- ❖ 風險趨避者：傾向先吃自己熟悉、必吃的菜色，確保「不虧本」。
- ❖ 風險中性者：依據心情與口味隨機挑選，不特別規劃取餐順序。
- ❖ 風險愛好者：直接衝向高價海鮮、限量牛排，企圖「一擊回本」。

這些取向其實都是消費行為中的風險態度投射。有趣的是，許多人明知自己食量有限，卻因風險偏好選擇先攻高價品，結果反而提前飽足、無法完成原本預期的「獲利」，這可說是「過度冒險造成效用崩潰」的真實案例。

第六節　預期效用與風險態度：食量 vs. 預估能力

➡ 資訊錯覺與取餐策略的偏誤

許多吃到飽顧客會在入場前查閱評論、影片或部落格攻略，以期找到「最划算吃法」。然而，這種資訊過載往往造成以下偏誤：

- ❖ 高估資訊代表性：看到別人吃 10 顆干貝，誤以為自己也能複製。
- ❖ 忽略自身條件限制：沒有考量食量、喜好與身體狀況的差異。
- ❖ 模仿他人錯誤策略：照搬大胃王吃法反而造成浪費與不適。

這些資訊偏誤讓顧客產生「我也能這樣吃」的錯覺，反而削弱實際消費的滿足度。

➡ 自我評估誤差：你真的了解自己的食量嗎？

心理學研究顯示，多數人對自身能力的評估存在顯著偏差 —— 特別是「過度自信偏誤」（overconfidence bias）。

在吃到飽的情境下，我們會說：「今天很餓，應該吃得下很多」、「之前那次沒吃夠，這次要吃更多」。然而，身體的實際反應往往受限於胃容量、飲食節奏與心理飽足，導致消費者過度投入、效果卻不如預期。

第五章　吃到飽的真相：自助餐裡的風險與幻想

這種錯估不僅影響消費體驗，也可能造成暴食後的生理不適與情緒後悔，對餐廳也可能造成無謂的食材耗損。

➡ 小結：選擇的藝術，不只是算盤的精準

吃到飽是一場看似自由、實則充滿策略的經濟行為。你預期吃多少、你怎麼安排順序、你選擇什麼菜色，本質上都是風險與報酬的決策。

而這場決策的核心不是「吃得多」，而是「吃得剛好」、「吃得值得」。經濟學提醒我們，所有選擇都存在機會成本，而預期效用的失準與風險態度的誤導，可能讓我們在一場美食盛宴中賠掉了最重要的——身體的舒適與消費的快樂。

學會認識自己真正的偏好與界限，就是在這場吃到飽的經濟賽局中，真正賺到的開始。

第七節
吃到飽與「過度生產」的制度成本

當我們談論吃到飽餐廳的魅力時，往往聚焦在「自由選擇」、「高 CP 值」或「品項豐富」這些吸引力上，卻忽略了另一個重要的制度性問題——過度生產（overproduction）。

第七節　吃到飽與「過度生產」的制度成本

本節將從制度設計的角度剖析吃到飽模式所內建的「過度生產邏輯」，這不僅涉及經濟資源的浪費，也帶出一連串環境、道德與永續議題。從業者的備料思維到顧客的過量拿取，再到最終的廚餘處理，每一個環節其實都反映出一個不易察覺卻深具成本的經濟結構問題。

➡ 自由供應背後的備料壓力

吃到飽的模式要求業者在任何時段都能提供看似「無限」的菜色供應，即便顧客不會真的全吃完，但菜色的豐富與滿盤的視覺印象卻是營業成敗的關鍵指標。

因此，業者常需備妥遠高於實際食用需求的食材量，尤其在節假日、尖峰時段或團體客預約期間，為了避免「缺菜」造成負評，備料通常以最大需求量預估。

這種過量備料雖是風險管理上的「保守策略」，卻在制度層面造成大量無法預測與控制的浪費風險。

➡ 菜色輪替機制與「可見即賺」的錯覺

多數吃到飽餐廳設有菜色輪替系統，例如每 15 分鐘推出新菜、每小時更換主食區菜色。這種設計雖強化消費者的探索樂趣，卻也強化了「不拿會虧」的心理。

顧客為了抓緊時間吃到新菜，往往快速搶食或過度拿

第五章　吃到飽的真相：自助餐裡的風險與幻想

取，導致部分食物未被食用即回收報廢。此外，這種輪替也迫使廚房不停備料、出餐，形成一種「供應過剩型循環」。

➡ 廚餘爆量與隱性成本

據臺灣環境資訊中心統計，大型吃到飽餐廳每日平均廚餘可達 50～100 公斤，若乘以全臺百餘家業者，每年產生的廚餘可能破千公噸。

這些廚餘並非僅限顧客吃剩，更包括：

- 未被取用即更換的菜色
- 過期或因視覺變化（氧化、變色）而淘汰的食材
- 為維持供應速度而過度預炒、預煮的食物

而這些廚餘需經由冷藏、分離、回收或焚化等流程處理，每一環節皆耗費資源、人力與能源成本，造成整體營運的隱性壓力。

➡ 顧客行為與過度生產的交互強化

餐廳制度設計讓顧客在潛意識中配合過度生產，例如：

- 「一次拿多一點，省得再排隊」的動作，促成前端備料過量

第七節　吃到飽與「過度生產」的制度成本

- ❖ 「不吃白不吃，反正都已經付錢」的心態，形成拿多於吃的習慣
- ❖ 「幫朋友拿一份」、「每道都要嘗看看」等社交動作，進一步擴大廚餘範圍

這些消費行為表面上與顧客有關，實際上卻是整體制度鼓勵與放任所致。

➡ 可持續模式的挑戰與反思

面對過度生產的制度問題，部分餐廳已嘗試導入「客製化吃到飽」、「精準供應」、「智慧補菜系統」等方式減少浪費：

- ❖ 顧客下單後由廚房現做（例：點菜式吃到飽）
- ❖ 每道菜由服務員限量供應（減少自助式浪費）
- ❖ 智慧冰箱與感應補貨技術判斷實際拿取量，自動調整出餐節奏

然而，這些措施往往面臨顧客期待落差與營運成本提高的矛盾挑戰。

第五章　吃到飽的真相：自助餐裡的風險與幻想

➡ 小結：
制度的代價，最終由誰買單？

「吃到飽」不只是個人選擇，它是一套制度設計──而這套制度的運轉成本，最終會反映在消費者身上，不論是票價調漲、菜色品質下降、環境資源損耗，或是道德壓力上升。

唯有讓消費者理解這種「看似任意、實則有限」的經濟結構，才能從行為與制度兩端找到真正的平衡點。

在追求飽足之前，我們或許應該先問問自己：我們是在吃食物，還是在維繫一個浪費的體制？

第八節　消費者滿意度與記憶偏誤

離開吃到飽餐廳的那一刻，你的胃可能已經撐得難受，但腦中浮現的卻是：「今天吃得很爽！」這種矛盾感受其實並不罕見。從經濟學與心理學的角度來看，「吃到飽」的消費體驗中，有一個關鍵因素正悄悄影響你的判斷與記憶──那就是「記憶偏誤」與「滿意度錯覺」。

本節將探討我們在吃到飽的現場與離場之間，如何被各種心理機制影響了對消費價值的評估，並分析餐廳如何巧妙

第八節　消費者滿意度與記憶偏誤

運用這些偏誤,讓顧客即使吃過量、略失望,仍會在離開後留下「值回票價」的正面印象。

➡ 高峰－結尾法則：
記憶不是總和,而是瞬間片段

諾貝爾經濟學獎得主丹尼爾．康納曼(Daniel Kahneman)提出「峰終定律」(peak-end rule),指出人們對於一段體驗的記憶,往往並非來自平均值,而是來自最高峰(最強烈的感受)與結尾的感受。

應用在吃到飽場景中,顧客會因為吃到喜歡的干貝、爆量的生魚片或超好吃的甜點而感到滿足,這些「亮點時刻」強烈地塑造了記憶的高峰。而最後吃的冰淇淋、端上的熱茶、服務員送上的一句「感謝光臨」,則可能讓整體結尾感受大幅提升。

即使過程中曾覺得太油膩、取餐排隊過久或有些菜色不合胃口,這些負面感受也會被記憶邊緣化或淡化。

➡ 認知失調與合理化機制：
我吃得這麼撐,一定很值得

當顧客花了高票價卻感到生理不適,為了避免心理上的「消費後悔」,會自動啟動認知失調的調節機制,例如：

第五章　吃到飽的真相：自助餐裡的風險與幻想

❖ 「今天真的吃超多，值了！」
❖ 「難得犒賞自己一下，不計較了啦！」
❖ 「那個牛排真的很超值，其他就算了。」

這些話語其實是內在的合理化過程，是一種心理上的「補帳動作」。這樣的機制讓顧客即使體驗未必完美，卻能在記憶中留下正向印象，進一步提高重複消費意願。

➡ 社交分享與價值建構：PO 照就是肯定

在社群時代，「吃到飽」不只是一場用餐，還是一場可以對外展示的儀式。打卡照片、動態影片、甜點盤擺拍，都是社交貨幣的一部分。

當你拍下干貝山、炙燒壽司塔或霜淇淋雙球塔上傳時，不只是與朋友分享美食，也是強化自己「吃得有價值」的記憶。這種外在展示與內在滿足互為增幅，讓實際的「吃」遠不及「被記得的吃」來得重要。

這正是記憶偏誤的另一面向 —— 你記得的，是你想讓別人看到的體驗，而非全部的體驗本身。

第八節　消費者滿意度與記憶偏誤

➡ 滿意度調查的心理學陷阱

多數餐廳會在顧客離開前提供簡短問卷、QR Code 回饋或口頭詢問「今天餐點還滿意嗎？」這時的顧客剛吃完甜點、坐在舒適座位、收拾心情準備離開，滿意度自然偏高。

心理學稱之為「促發」（contextual priming）：當受訪者在一個愉悅或輕鬆的場域中作答，其評價傾向正向，與真實整體體驗未必一致。

➡ 從心理偏誤到顧客忠誠度的建構

餐廳透過上述各種策略，有意無意地放大顧客記憶中的「高峰」與「美好結尾」，再透過社群分享、滿意度調查與會員制度固化這些印象，進而轉化為口碑與忠誠度。

這並非操弄，而是一種經營學中的「感知價值管理」。真正問題在於：消費者是否清楚自己在體驗的是什麼？

➡ 小結：吃的是記憶，不一定是味覺

吃到飽的滿意度，往往不在於實際吃了什麼，而在於「你記得自己吃了什麼」、「你相信這餐值得」。而這些記憶，可能早已被高峰瞬間、甜點結尾與拍照打卡等機制重新編碼。

第五章　吃到飽的真相：自助餐裡的風險與幻想

　　經濟學與心理學提醒我們，真正影響選擇與重複消費的，不只是價格與品項，而是「記憶中的感受」。

　　下一次吃完一餐後，或許可以問問自己：「我真的吃得滿意，還是我『以為』我很滿意？」

第六章

背後的供應鏈：
你吃的每一口來自哪裡？

第六章　背後的供應鏈：你吃的每一口來自哪裡？

第一節
從產地到便當盒：臺灣餐飲供應鏈解析

每天中午，當你打開一個便當盒，看到雞腿、青菜、炒蛋與一塊豆腐整齊地排列其中，這看似簡單的一餐，其實背後牽涉到一整套複雜的供應鏈結構。從農場、養殖場、屠宰場、加工廠，到冷藏倉儲、配送車隊、中央廚房，最後才是你公司附近的便當店，這條鏈路精密又易受干擾。你吃進去的不只是熱騰騰的米飯與菜餚，更是每一個環節的成本、效率與風險分配結果。

在本節中，我們將深入解析臺灣餐飲供應鏈的結構與運作方式，並探討其背後的經濟邏輯：誰在供應鏈中賺得最多？誰承擔了最多風險？供應鏈為什麼會出錯？為什麼有時候雞腿突然缺貨、蛋價暴漲、便當漲價卻菜色縮水？這些問題，其實都與你每天吃進去的那口飯息息相關。

➡ 餐飲供應鏈的環節與角色

臺灣的餐飲供應鏈大致可分為以下幾個主要環節：

1. 農業生產端

包括農民、畜牧業者、養殖業與初級加工業者。他們負責種出青菜、養出豬雞魚，是供應鏈的最上游。

2. 初級集貨與批發

例如果菜市場、肉品市場與水產集貨中心。這些場域是農產品進入中間市場的第一站，通常伴隨價格波動與交易談判。

3. 食品加工與分切

雞腿去骨、魚切片、肉品醃製、青菜洗選包裝，這些加工行為讓食材更方便料理，屬於提升效率的中間環節。

4. 物流配送

透過冷藏車、保鮮配送系統，將食材送達連鎖便當廠商、中央廚房或餐廳。

5. 最終銷售端

便當店、外送平臺餐廳、自助餐廳與公司團膳單位等。

這些角色共同構成了每天從土地到餐桌的龐大網絡，彼此之間的價格、時效與合作關係決定了食物能否準時、安全且可負擔地抵達消費者面前。

➡ 價值分配的問題：誰賺最多？

在這條供應鏈中，真正能掌握議價能力的，往往不是最辛苦的生產者，而是握有規模與數據的中下游平臺，例

第六章　背後的供應鏈：你吃的每一口來自哪裡？

如：大型冷鏈物流商、中央廚房系統、連鎖便當品牌與外送平臺。

農民、漁民或小型加工業者的利潤常因市場變動、天氣災害或採購規模限制而極低，甚至出現「雞蛋便宜到不夠成本」、「高麗菜滯銷丟田裡」的現象。相對而言，連鎖品牌能透過大量議價與標準化管理穩定利潤。

這種分配結果形成「生產者高風險低報酬，通路與品牌低風險高報酬」的不對稱現象，也帶出食物倫理與供應鏈公平性的長期辯論。

➡ 效率與風險：平衡永遠不簡單

供應鏈的設計不只是要快與便宜，還必須應對各種不確定性──天氣異常、油價波動、勞動力短缺、運輸延遲、動物疫病爆發⋯⋯這些因素都可能讓你午餐吃不到預期的配菜。

舉例來說，若雞蛋供應不足，中央廚房可能調整菜單成分；若颱風影響高麗菜價格，自助餐可能將高麗菜換成豆芽菜。這些「消費端看不到的變化」，其實是整個供應鏈調節機制運作的結果。

有效的供應鏈會同時追求三件事：

第一節　從產地到便當盒：臺灣餐飲供應鏈解析

- ❖ 穩定性：保證每天有食材可用。
- ❖ 效率性：成本不過高、損耗不過多。
- ❖ 彈性：能快速調整因應不可預測變動。

而這三者往往互相矛盾，需要智慧的系統管理與人員經驗判斷才能同時兼顧。

➡ 地方小農與全球鏈路：臺灣特色的交錯鏈

臺灣的供應鏈有其特殊性 —— 一方面有很多小農、家族型畜牧場與分散型漁港，另一方面也逐漸與跨國供應鏈接軌，例如冷凍花枝來自越南、米酒來自中國、洋蔥來自中國與美國。

這種「地方微型結構與全球進口互補」的特性，讓臺灣餐飲在面對全球糧食波動與政治風險時特別脆弱，也讓政策調控顯得更加關鍵。

➡ 小結：你的便當裡裝了誰的風險？

看似平凡的便當盒，其實背後隱藏著高度複雜的物流與經濟學。從農田到餐盒，每一個選擇都是效率與成本的平衡，每一個決策都可能左右你午餐是否準時、是否漲價。

第六章　背後的供應鏈：你吃的每一口來自哪裡？

當我們更理解供應鏈背後的運作邏輯，也才能更有意識地思考：支持什麼樣的生產者？選擇什麼樣的消費模式？一個便當，不只餵飽我們，也正在反映整個經濟結構的縮影。

第二節
冷鏈物流與生鮮配送的成本結構

當你走進超市買下一包冷藏雞胸肉，或在外送平臺上點了一份當天配送的壽司便當，你或許從未仔細思考過這些生鮮食品在「新鮮」這件事上究竟付出了多少成本。這背後的關鍵環節，就是「冷鏈物流」——一種為了保持食材低溫、延長保鮮、減少損耗而設計出的複雜配送系統。

本節將深入分析臺灣餐飲供應鏈中冷鏈物流與生鮮配送的運作機制，並揭示其隱藏的經濟成本與定價邏輯。你將看到，維持冷藏溫度不只是技術問題，而是連結能源價格、勞動條件、氣候變遷與消費期待的綜合體。

➡ 什麼是冷鏈物流？

冷鏈物流（cold chain logistics）指的是涵蓋從產地到終端銷售全程低溫管理的供應鏈系統。其溫度控制通常分為三種等級：

- 冷藏（0°C 至 7°C）：適用於蔬菜、肉類、乳製品。
- 冷凍（-18°C 以下）：適用於海鮮、冷凍食品。
- 超低溫（-60°C 以下）：特殊用途，如高級生魚片或疫苗。

這樣的體系涵蓋了溫控倉儲、冷藏車輛、溫度監控感應器、貨物追蹤系統等，是一種高資本密度的物流形式。

成本組成：冷鏈為什麼這麼貴？

冷鏈物流的成本比常溫物流高出許多，其主因來自以下幾個方面：

- 設備成本：冷藏貨車、溫控倉儲設施的投資門檻高，需定期維修與升級。
- 能源消耗：冷藏需要穩定電力與燃料，特別是夏季氣溫高時耗電量激增。
- 人力要求：需聘請熟悉冷鏈規格的司機與操作員，並遵守更嚴格的食品衛生標準。
- 時間壓力：配送路線需極度準確，因為任何延誤都可能導致整批食材變質報廢。

這些成本最終會被分攤到商品價格中，尤其是在需要即時配送與高品質保證的產品（例如連鎖壽司店、冷壓果汁或高級便當）中更為明顯。

風險與損耗：看不到的浪費成本

在冷鏈系統中，一旦發生以下任一情況，就可能造成嚴重損耗：

- 溫控設備故障
- 人為疏失導致斷冷鏈（如卸貨時開門過久）
- 路線規劃失誤導致延遲
- 外部氣候異常（如颱風、極端高溫）

這些風險若無法即時排除，會讓整批食材報廢，形成巨大經濟損失。因此，冷鏈業者需投保高額商業保險，並設計多重備援機制，這也推升了整體物流成本。

為何便利商店能維持冷藏效能？

臺灣便利商店被譽為全球密度最高、營運最精密的零售體系，其背後正是冷鏈物流的成功實踐：

- 每日多次短距配送：以減少儲存時間，降低溫度波動。
- 區域冷藏倉儲整合：將中南部農產集中冷藏後再配送北部門市。
- IoT 即時監控系統：監控車廂、倉儲溫度，異常自動通報。

第二節　冷鏈物流與生鮮配送的成本結構

這些細緻作業看似「理所當然」，其實是長年技術投資與流程優化的結果，也造就了臺灣冷鏈體系在亞洲名列前茅的效率。

➡ 生鮮電商與冷鏈的「最後一哩挑戰」

隨著生鮮電商興起，冷鏈物流不再只服務大型餐飲或便利商店，也必須進入一般家庭與個人用戶。然而，「最後一哩」的配送挑戰極大：

- 住宅區無冷藏設施
- 貨車無法即時送達或需簽收
- 消費者退換貨期望高，但冷鏈商品無法退貨

為解決這些問題，部分電商採用冷藏箱宅配、智慧取貨櫃、專人定時投遞等方式，雖然便利，卻也拉高整體配送成本與環境負荷。

➡ 小結：每一度溫差都在影響你的食物價格

冷鏈物流是現代飲食不可或缺的一環，卻也是消費者最容易忽略的隱形成本。每一道從倉庫到餐桌的低溫控管，都需要龐大的能源、人力與時間協作，而這些成本最終都會反映在你手中的那塊雞胸肉、那盒沙拉、那杯鮮奶中。

第六章　背後的供應鏈：你吃的每一口來自哪裡？

理解冷鏈物流的成本結構，不只是關心物流產業，而是更清楚每一口食物價格背後的邏輯。當你期待餐點新鮮、食物安全、配送準時，也別忘了，這些品質的背後，是一場無聲卻耗能巨大的冷藏協奏曲。

第三節
中央廚房與標準化：效率的經濟學

走進一家連鎖便當店，無論你身處臺北、臺中或高雄，打開便當的那一刻，你可能會發現：雞腿的炸衣厚度一致、三樣配菜的擺盤幾乎相同、白飯分量也不多不少。這種高度一致的背後，其實不是店員手藝神奇，而是中央廚房（central kitchen）所帶來的標準化力量。

本節將剖析中央廚房制度在臺灣餐飲業的發展與功能，並說明它如何透過標準化流程降低營運風險、控制成本、提升供應效率。同時，我們也將檢視這種制度背後的挑戰與限制，思考當「效率」成為第一優先時，消費者、勞動者與小店經營者可能面對的矛盾與衝突。

第三節　中央廚房與標準化：效率的經濟學

➡ 什麼是中央廚房？

中央廚房是指一個集中處理食材與半成品的設施，專為多家門市或餐廳提供統一製作與配送服務。其核心功能包括：

- 大量集中採購與備料：集中處理原物料，提高議價力與採購效率。
- 標準化製程：透過機械或專人操作確保每份食材的一致性。
- 品質控管：降低每家分店的操作變異，統一食安標準與保存規格。
- 配送彈性：結合冷鏈物流，每日分批配送給各家門市。

中央廚房最早由航空餐與大型團膳公司發展出來，近年則廣泛應用於連鎖便當、速食、便利商店與超市熟食中。

➡ 為何中央廚房能降低成本？

在經濟學中，中央廚房的核心優勢來自「規模經濟」與「流程標準化」。

- 規模經濟：當製作數量提高，平均每單位食材的人力、設備與能源成本便會下降。
- 流程自動化：例如使用大型蔬菜切割機比每家店員各自備菜更快速，也能減少人力需求。

第六章　背後的供應鏈：你吃的每一口來自哪裡？

- ❖ 時間節省：廚房集中製作，門市只需加熱與簡易擺盤，讓人力集中在服務而非備料。
- ❖ 損耗降低：統一備料與冷藏條件，能避免個別門市因食材變質或操作失誤造成的報廢。

這些好處不僅讓品牌得以快速擴張，也讓利潤空間更穩定。

➡ 效率之下的彈性挑戰與口感爭議

雖然中央廚房帶來穩定與效率，但也伴隨著下列問題：

- ❖ 口感趨同化：大量製作與冷藏配送使得食物口感與新鮮現炒有所落差。
- ❖ 創意與彈性減弱：店家無法自由調整菜色，導致消費者感覺「吃來吃去都一樣」。
- ❖ 地方食材難納入系統：中央工廠不易處理地區性小量供應，造成小農難以進入供應鏈。

這些挑戰讓中央廚房面臨一種兩難：「越標準越穩定，卻也越缺乏人情味與地方特色。」

第三節　中央廚房與標準化：效率的經濟學

➡ 勞動與制度化的壓力

在中央廚房中工作的員工，常面對高度重複的作業與產線式管理。許多企業為了維持人力穩定，會引進外籍勞工或使用臨時派遣制度，導致勞動條件長期低薪、高工時。

此外，中央廚房往往設於工業區，距離市區遙遠，工人通勤時間長，亦易產生勞資糾紛與社會隔離感。

這些隱形成本構成了效率機器下的另一種壓力。

➡ 在效率與在地之間尋求平衡

近年來，有些品牌嘗試透過「區域中央廚房＋門市現炒」的混合模式，既保留部分標準化流程，又給予門市適度創作空間。例如：

- 統一醬料包由中央製作，菜色則現場炒製
- 主菜由工廠處理，配菜交由門市自訂搭配
- 冷凍半成品與當地蔬菜混合呈現

這些設計可說是試圖在經濟效率與飲食文化之間，找到一條可持續發展的折衷路徑。

➡ 小結：
每一份看似一致的便當，都是效率的產物

中央廚房是現代飲食規模化的關鍵樞紐，它讓便當變得便宜、穩定、快速，卻也讓許多細節被機械取代。當你吃下一口看似平凡的炒蛋，背後可能是五百公里外的中央廚房凌晨三點製作，再由冷鏈車準時送達門市。

效率是一門經濟學，也是一種價值選擇。當消費者重視品質與一致性時，中央廚房是解方；但若追求的是個性、現做感與地方連結，我們也應反思，如何讓制度與文化之間找到真正的均衡點。

第四節
自煮或外食？
—— 交易成本的選擇

每天中午，站在便當店門口、便利商店熟食櫃前，或滑著外送平臺猶豫下單時，你可能也曾想過：「要不要乾脆回家自己煮？」這看似簡單的生活選擇，實則牽涉到經濟學中的一個核心概念 —— 交易成本（transaction cost）。

第四節　自煮或外食？—交易成本的選擇

本節將從經濟行為的角度剖析「自煮」與「外食」背後隱含的成本比較，並引入交易成本理論，說明在現代社會中，我們如何透過這些隱性成本進行選擇，而非僅僅基於食物本身的價格或味道。

➡ 什麼是交易成本？

在經濟學家寇斯（Ronald Coase）與後來奧立佛‧威廉森（Oliver Williamson）的理論中，交易成本指的是完成一項交易所需要額外付出的資源，包括資訊搜尋、決策時間、談判協調、執行與監督的過程。

換句話說，我們每天吃進肚子裡的一餐，不只是菜市場價格與便當售價的比較，更應該納入：

- 採買食材的時間與交通
- 備料、料理與清理所花的心力
- 食材保存風險與浪費
- 對烹飪技術的掌握與心情波動

當這些「非金錢成本」被納入考量後，自煮與外食之間的選擇就變得更加複雜。

第六章　背後的供應鏈：你吃的每一口來自哪裡？

➡ 自煮的成本結構與挑戰

在理想情況下，自煮的確可以達到食材成本較低、品質可控、營養更均衡的效果。然而，現實中以下幾點常成為門檻：

- ❖ 時間成本高：從採買、備料、煮食到清潔，通常需耗時 1～2 小時，對朝九晚五的上班族而言壓力大。
- ❖ 備料不經濟：個人食量有限，小包裝食材單價高且易腐敗。
- ❖ 設備與空間限制：租屋族常無廚房、冰箱或完整烹飪設備。
- ❖ 技能與意願差異：非每個人都有料理技術與耐心，甚至有些人視做飯為心理負擔。

這些因素使得自煮雖然理論上便宜，實際上卻因交易成本過高，導致邊際效用下降。

➡ 外食的吸引力與隱性代價

與此相比，外食的交易成本相對低廉，尤其在臺灣這樣外食選項豐富、價格合理的環境中，便當、麵攤與超商熟食提供了極高的便利性。但這並非沒有代價：

第四節　自煮或外食？—交易成本的選擇

- 營養與熱量不透明：多油、多鹽、多糖、調味料過重。
- 價格波動風險：受原物料與人工波動影響，便當價格常「說漲就漲」。
- 品質不穩定：今日炸雞酥脆，明日可能油耗味明顯。
- 心理疲乏感：久而久之「不知道要吃什麼」成為一種選擇壓力。

也因此，許多消費者實際選擇的是「外食＋微料理」的混合策略，例如：外買主菜，自煮湯與青菜；早餐外食，中晚餐自己準備；或假日煮、平日買。

➡ 行為經濟學的切入：
不是理性計算，而是習慣選擇

值得注意的是，自煮與外食的選擇過程，並不總是理性比較成本後的結果，而更多來自習慣與心理偏誤：

- 現狀偏誤（status quo bias）：已經習慣每天吃便當，就會傾向繼續。
- 短期效用最大化：今天太累，先吃外送再說；明天再開始自己煮。
- 選擇疲勞：食譜規劃與備料構成壓力，轉向熟悉的外食系統更安心。

第六章　背後的供應鏈：你吃的每一口來自哪裡？

這些行為偏誤使得許多明知外食不健康、較貴的人，仍持續選擇外食，並對自煮產生拖延與焦慮。

➡ 社會階層與生活型態的區隔

從更宏觀的角度來看，自煮與外食其實也映照著階層與生活型態的差異：

- ❖ 高收入家庭可請外送與家政服務實現「精緻外食」
- ❖ 中產階層女性傾向週末大量備菜、冷凍分批加熱
- ❖ 工程師與學生常以便當外送搭配自購水果湊合一餐

這些不同組合與模式，反映了交易成本對生活樣貌的影響，也說明了「最有效率的吃法」並無標準答案。

➡ 小結：你付出的，不只是一餐的錢

每天我們的「吃什麼」選擇，不僅僅是價格與味道的決策，更是一種生活時間、情緒能量與交易成本的調配。

經濟學幫助我們看清楚：並非「自己煮就是省錢」、「外食就等於懶惰」，而是每個人都在自己的條件限制下尋找「最划算」的選項。而這個「划算」，有時來自時間的釋放，有時則來自掌控感的實現。

無論是外食族還是自煮派，只要你知道自己的成本構成與效用來源，你就做對了選擇。

第五節
農產加工品如何平衡保存與品質？

你是否曾在便利商店挑選一包即食地瓜、熟食區裡的冷藏沙拉，或在超市買過冷凍玉米、真空包裝的筍絲？這些看似平凡的加工食品，其實正處在一場關鍵的經濟抉擇中：保存性與品質的拔河。

本節將從臺灣消費現場出發，解析農產加工品如何在「延長保存期限」與「保有風味口感」之間尋找平衡，背後又是如何牽動整個供應鏈的價格、成本與決策邏輯。我們將進一步探討，為什麼看似簡單的一塊熟地瓜，其實可能走過比你想像更長的供應之路。

➡ 加工的必要性：從損耗率到通路效率

新鮮蔬果的保存期短，通常在數天內便會出現水分流失、色澤黯淡甚至腐敗的問題。根據臺灣農委會資料，某些蔬果如菠菜、空心菜的平均損耗率高達 30% 以上。這不僅讓

第六章　背後的供應鏈：你吃的每一口來自哪裡？

農民與通路承受風險，也使得零售商在成本上難以控管。

於是，加工成為一種「風險轉嫁」機制──將生鮮地瓜烤熟後真空包裝，不僅能延長保存達一週以上，還能以常溫配送降低物流成本。冷凍毛豆與玉米同理，透過快速冷凍技術封存水分與營養，在食用前僅需簡單加熱即可。

這些加工措施的目的不僅是降低損耗，也是讓供應鏈更穩定、通路更具彈性。

➡ 保存技術與品質損耗：無法避免的取捨

雖然加工技術日新月異，但「保存性提升」與「風味保持」仍是一對難以兼顧的矛盾。常見的保存手段包括：

- 熱處理（加熱殺菌）：延長保存但可能導致蔬果口感變軟、顏色變深。
- 冷凍處理：保留營養與外觀，但復熱後口感略有差異。
- 脫水處理：如乾香菇、洋蔥乾，儲存穩定但風味較單一。
- 真空包裝與氮氣填充：避免氧化但成本較高。

對加工業者而言，最大的挑戰在於如何「犧牲最少的風味換取最多的保存」，這也構成產品定價與品牌差異的核心依據。

第五節　農產加工品如何平衡保存與品質？

➡ 加工鏈的成本傳導：價格為什麼不便宜？

許多人認為加工食品是次級品、應該便宜，但事實上，一塊即食熟地瓜之所以賣得比生地瓜還貴，主因在於加工過程中新增了以下成本：

- 原料損耗與挑選：需先去皮、切片、挑選，損耗率約 15%～20%。
- 人力與機械加工：涉及洗選、殺菌、加熱、包裝等多道工序。
- 包材與標示：需用符合食安法規的食品級真空袋與清楚標籤。
- 冷藏配送與倉儲：尤其是便利商店系統，需符合短時間高週轉要求。

因此，加工農產品反映的是「便利性與風險管理的成本總和」，而不只是原料價格的延伸。

➡ 標準化與風味在地性的矛盾

隨著通路越來越依賴統一供應，加工品也朝向高度標準化發展：地瓜規格一致、大小統一、色澤穩定。然而，這也造成地方小農與多樣風味的排擠。

例如某些雲林出產的紅心地瓜風味濃郁但個頭不一，在標準化制度中難以進入加工通路，反而被中大型契作農場所取代。

這是加工體系下常見的現象 —— 效率提升了，但食材的多樣性與地方性卻被犧牲。

➡ 消費者對品質的感知偏誤

消費者在選購加工品時，常會因為包裝美觀、標示用詞（如「無添加」、「日式」、「高原地瓜」）而對品質產生錯覺。行為經濟學指出，這是一種「包裝效應」（framing effect），導致消費者願意支付更高的價格，卻未必更了解實際內容。

此外，冷藏與常溫之間的心理價值差異，也使得某些加工品雖然風味相近，卻因儲存條件不同而價格懸殊。

➡ 小結：
你吃下的不只是加工品，是整條供應鏈的取捨

當我們打開一包即食沙拉、一盒冷藏玉米粒或便利商店賣的即食地瓜時，吃進去的不只是經過料理的農作物，更是整條供應鏈對保存、風味、成本與效率所做出的選擇。

農產加工品是一種折衷的藝術，也是市場系統中的權衡

成果。理解這背後的經濟結構，不僅有助於做出更理性的消費決策，也讓我們能對每一口食物多一分尊重與理解。

第六節　跨國食材與地緣政治的風險

你可能從未察覺，一碗牛肉麵裡的洋蔥來自美國、紅蘿蔔來自中國、蒜頭來自越南，而你早晨喝的豆漿，其黃豆則可能是從巴西或加拿大進口的。這些食材的產地選擇，背後不僅是價格與品質的考量，更牽涉到地緣政治、全球供應鏈結構與國際貿易政策的角力。

在本節中，我們將聚焦於跨國食材在餐飲供應中的角色，以及當前國際局勢如何影響臺灣的食材來源、價格與穩定性。我們也會深入分析一場看似平凡的便當背後，如何藏著複雜的國際經濟博弈。

➡ 食材全球化的必然與依賴

根據農委會與主計總處資料，小麥、玉米與黃豆等大宗雜糧的自給率不到3%，意味超過97%依賴進口。臺灣每年進口黃豆約200～260萬公噸，來源主要為美國、巴西與阿

根廷；玉米也超過 400 萬公噸，主要來自巴西、阿根廷和美國；小麥則以美國與澳洲為主。由於極度依賴進口，這些大宗糧食對國際價格與供應鏈變動高度敏感。蔬果與水產品方面，冷凍花枝、牛肉、鱈魚、蒜頭、蘋果、洋蔥等也大量進口，目的在於補足國內產能不足、價格波動或季節供應空窗期。

這種全球化的結構帶來了如下好處：

- 價格穩定：透過多元進口來源分散風險。
- 供應彈性：可依不同季節或國際行情靈活調度。
- 品項多樣化：提升餐飲多元性，讓便當不再一成不變。

然而，這也意味著高度依賴國際物流與貿易體制，任何一個環節出現問題，就可能導致「蛋價飆漲」、「蒜頭缺貨」、「洋蔥價格翻倍」的民生震盪。

➡ 地緣政治風險的具體案例

以 2022 年俄烏戰爭為例，烏克蘭與俄羅斯是全球小麥與玉米的重要出口國，當戰事爆發導致港口封鎖、物流受限，國際穀物價格立即飆升，全球糧價指數一度創下十年新高。

再如中國與印度對出口蒜頭與糖類進行暫時封鎖、限量出口，立即影響臺灣進口價格。甚至美中貿易戰、COVID-19

第六節　跨國食材與地緣政治的風險

疫情期間的海運塞港、原油價格波動,也都讓跨國食材成本急遽上升。

這些事件突顯一點:全球供應鏈看似穩定,但實際上脆弱不堪,受地緣政治影響極大。

➡ 跨國依賴與在地替代的政策拉鋸

為降低風險,臺灣政府近年推動「食材在地化」政策,鼓勵餐飲業者優先使用本地農產品,例如:

- ❖ 學校營養午餐規定部分配菜須來自本地農場;
- ❖ 補助中央廚房採購小農蔬菜;
- ❖ 推出「三章一Q」標章系統確保本地農產來源。

但在價格、穩定供應與品項多樣性的壓力下,許多業者仍選擇成本更低、供應穩定的進口食材。

這形成一種制度性的矛盾 —— 政策倡導「支持在地」,市場邏輯卻推動「外購便宜」,兩者在餐飲現場交鋒,也成為供應鏈管理的重要課題。

➡ 業者的應變策略與轉型挑戰

面對跨國風險,連鎖餐飲與大型供應商採取以下幾種策略應對:

第六章 背後的供應鏈：你吃的每一口來自哪裡？

- ❖ 多國分散採購：同一品項同時向不同國家採購降低風險。
- ❖ 原物料替代方案：若蒜頭缺貨則以蔥花或蒜油取代。
- ❖ 庫存預先配置：針對穩定品項建立 3～6 個月安全庫存。
- ❖ 建立境外加工據點：降低運輸過程的不確定因素。

然而這些策略需投入更多資本、人力與資訊系統，也非所有業者都有能力達成，造成大型與中小業者在風險抵禦能力上的落差。

➡ 小結：
全球化的菜色裡，藏著你看不見的風險

當我們品嘗一碗來自連鎖便當店的番茄燉牛肉時，很難想像這背後可能有來自美國的牛肉、印度的香料與日本的調味粉，這些跨國元素的組合看似平常，卻在每一次國際危機中暴露出巨大風險。

了解地緣政治與跨國供應鏈的連動，讓我們在品味料理之餘，也能更有意識地思考：我們的飲食自由，建構在一個多麼不穩定的世界架構中。而真正的飲食安全，或許不只是無毒或有機，而是從源頭供應開始的風險控管與制度建設。

第七節
從小農到量販：規模經濟與彈性需求

在臺灣的菜市場與量販超市之間，存在著一道難以忽視的經濟鴻溝。一端是勤奮耕作、追求作物風味與品質的小農，一端則是強調價格競爭、供貨穩定與標準化流程的大型零售與供應商。這兩種截然不同的生產與流通邏輯，不僅反映出供應鏈結構的分歧，也揭示了「規模經濟」與「彈性需求」之間的制度張力。

本節將從臺灣在地的農業現況出發，分析小農與量販體系如何在現代餐飲供應鏈中共存與拉鋸，進一步討論為何支持在地農業與達成價格效率常常無法兼得，而我們日常所吃的每一餐，正是在這種張力中被選擇與組合出來的。

➡ 小農的優勢與限制

小農，泛指以家族或個人為單位經營的農場，通常耕地面積小於 2 公頃，種植品項多元、追求品質與風味。小農的主要優勢包括：

- ❖ 彈性供應：可根據天候與市場調整作物種類與產量。
- ❖ 地方連結強：在地銷售、有機驗證與社區支持農業（CSA）興起。

- 食材多樣性與風味：非標準化品種（如紅肉地瓜、原生種蔬果）受特定餐廳與主廚青睞。

但其挑戰也十分嚴峻：

- 產量有限，無法穩定供貨：難以進入連鎖通路或中央廚房體系。
- 人力與資本不足：機械化程度低，仰賴人工作業與天候條件。
- 交易成本高：配送效率差，常需親送、規格不一、價格談判難。

這些特性使小農在自由市場中處於劣勢，雖具特色卻無法擴大市場規模。

➡ 量販體系的規模與效率邏輯

相對地，大型量販供應商與中央廚房強調的是「規模經濟」── 也就是透過擴大生產規模、統一作業流程來降低單位成本、提升供應穩定性。

量販體系的核心特點包括：

- 大量契作與進口：與大型農場合作或直接自海外採購。

第七節　從小農到量販：規模經濟與彈性需求

- ❖ 高標準規格：外觀、大小、成熟度需一致，便於陳列與備料。
- ❖ 冷鏈整合與倉儲效率：每日定時配送，大幅降低損耗。

這套系統能夠支應餐飲連鎖、大型團膳與超市的每日需求，但也犧牲了多樣性與風味變化，導致食物逐漸趨同化。

➡ 餐飲業者的進退兩難

對於便當店、自助餐、外送品牌而言，採用大宗標準食材可降低成本與備料時間，但若要滿足消費者對「有機」、「在地」、「當季」等價值訴求，則需引入小農食材，卻增加物流、備料與成本壓力。

因此，多數餐飲業者採取折衷策略：主食與大量菜由量販體系供應，部分特色菜如地瓜葉、刺蔥或在地筍絲則向小農進貨。

這類「混合供應鏈」策略試圖在效率與特色之間尋求平衡，也讓小農得以在特定品項中建立市場定位。

➡ 政策推力與制度瓶頸

政府雖設立農產品履歷、三章一Q、產地直送平臺等鼓勵小農的制度，卻仍面臨以下挑戰：

- ❖ 採購者習慣問題：餐飲業習慣大量、快速、統一進貨。
- ❖ 價格競爭難對抗進口品：如進口洋蔥與本地洋蔥常價差近 1 倍。
- ❖ 冷鏈與物流不對等：小農難享有冷藏配送資源與時效。

在此情況下，小農若要融入主流供應鏈，往往需建立合作社、區域型產地集貨場或委由社會企業協助串接通路，方能突破瓶頸。

➡ 小結：
供應鏈裡的價值選擇，不只是價格問題

從小農的彈性供應到量販的規模效率，這兩套系統各有優劣，也代表不同的價值觀與飲食哲學。當我們購買一份便當，背後其實也在默默表達對這些價值的選擇：你選擇的是價格最低的菜，還是來自在地的風土？

經濟學提醒我們，真正的選擇不是「便宜 vs. 貴」，而是「效率 vs. 多樣」、「穩定 vs. 特色」、「全球化 vs. 在地」。餐桌上的每一口食物，都是這場選擇的結果。

第八節
氣候變遷如何影響餐桌上的價格？

當你發現高麗菜一顆漲到百元、雞蛋限購、地瓜乾突然難買，不一定是因為農民偷懶或市場黑心，而可能是臺東多了兩場颱風，或嘉南平原提前進入乾旱期。氣候變遷不再是遙遠的環境議題，它已悄悄走進你我每天打開便當盒時的那一瞬間——影響我們餐桌上的每一道菜色。

本節將深入分析氣候變遷如何透過農作生產、生鮮供應鏈、價格形成與風險控管等環節，直接或間接影響我們的飲食選擇與消費行為。你會發現，當氣候越來越不穩定，餐桌的經濟學也跟著複雜起來。

➡ **氣候與農業的高度敏感性**

農業生產直接仰賴氣候條件，包括溫度、雨量、日照與風力。過去農民可以根據「節氣」與「慣例」規劃種植期與採收期，現今卻越來越難預測。以近年為例：

❖ 暖冬現象：導致草莓、蓮霧等溫帶水果提早開花、品質不佳。
❖ 極端降雨：破壞水稻抽穗期，影響收成量。

❖ 連續高溫：讓葉菜類（如 A 菜、空心菜）苦味增加、存活率降低。

這些氣候異常直接影響農作物的「可收成面積」、「可販售比例」與「加工適應性」，也進一步反映在市場價格波動上。

➡ 從產地到餐桌的成本傳導

氣候影響不只是產地收成，更會一路傳導至消費端：

❖ 產量降低→批發價格上漲：供給減少推升中盤商成本。
❖ 物流挑戰→風險轉嫁：風災水災中斷交通，冷鏈配送需轉道、延時、甚至報廢。
❖ 備料策略改變：餐廳改變菜單組合、減少使用高風險食材。

舉例來說，某年颱風重創南部地瓜田，便當店連續三週將原本的烤地瓜換成豆干與滷蛋，既是食材替代，也是一種風險管理策略。

➡ 食材替代與價格心理學

當某些品項價格飆升時，消費者會出現明顯的「替代效應」——改點不含該食材的菜色，或選擇其他 CP 值更高的便當。例如：

- ❖ 高麗菜貴時，便當店改配小黃瓜、豆芽菜；
- ❖ 雞蛋短缺時，增加豆製品供應。

然而，消費者對價格的「感知點」常與實際成本不同，餐廳即便已換菜，顧客仍可能抱怨「又漲價還縮水」。這也導致業者在面對氣候變遷導致的成本壓力時，需透過包裝、分量調整與心理定價策略，重新建構「划算感」。

➡ 長期風險：糧食安全與結構轉變

氣候變遷不僅是短期價格波動的原因，更可能重塑整體糧食供應架構。例如：

- ❖ 乾旱加劇：南部稻田需輪休，改種旱作或休耕。
- ❖ 病蟲害增加：溫溼度變化促使病原更活躍，農藥使用頻率增加，成本與風險同步上升。
- ❖ 種植區域北移：某些作物適生區域往中北部移動，改變供應分布。

這些結構變化將影響未來 5～10 年的市場預期，也讓政策部門必須重新思考補貼、保險與糧食自給政策。

第六章　背後的供應鏈：你吃的每一口來自哪裡？

➡ **餐飲業者的適應策略**

為應對氣候風險，部分連鎖餐飲品牌與中央廚房採取如下策略：

❖ 建立「彈性菜單」：根據時令與價格浮動快速更換配菜與主食組合。
❖ 發展「多來源採購」：同一食材分別與不同產地農戶合作，降低單一氣候風險。
❖ 參與「契作農業」：確保一定品質與價格範圍，建立中長期供應穩定性。

這些調適行為，不僅是企業生存策略，也是供應鏈永續的重要環節。

➡ **小結：**
當氣候改變了農場，也改變了你的一餐

氣候變遷不再只是農業部門的煩惱，它已經深入影響你每天的餐桌，無論你是買便當、煮家常菜或點外送。

每一次葉菜類的突然漲價、每一次菜色無預警更換，背後往往是一場氣候劇變的餘震。我們所理解的「餐飲價格」，其實早已與環境風險密不可分。

第八節　氣候變遷如何影響餐桌上的價格？

　　經濟學教我們看見表象背後的因果關係，而氣候變遷正在讓「吃什麼」、「花多少」變得前所未有地不確定。下一次你說出「最近怎麼這麼難吃到蛋」的時候，也許可以想一想，這背後藏著的，不只是雞蛋的問題，而是一場跨越田野、政策、地球與餐桌的系統性風暴。

第六章　背後的供應鏈：你吃的每一口來自哪裡？

第七章

制度與誘因:你付的錢有多少是給人、給制度?

第七章　制度與誘因：你付的錢有多少是給人、給制度？

第一節
服務費怎麼來的？
——制度化小費的臺灣經驗

你有沒有注意過，當你走進一家中高價位餐廳、飯店附設餐廳或連鎖咖啡廳時，帳單的最下方常會出現一行小字：「本餐廳酌收 10%服務費」。這筆費用雖不是強制性消費，卻已逐漸成為臺灣餐飲文化的一部分。而你是否想過，這 10%的背後，究竟代表著什麼？

本節將從經濟制度與心理學角度，探討服務費的設計與演變，分析臺灣小費文化為何未真正形成，而是轉向制度化的「固定服務費」。這不只是價格構成的問題，更牽涉到員工激勵、消費者行為與制度設計的價值選擇。

➡ 小費文化的國際對照：美國 vs. 臺灣

在美國，小費（tip）是一種非正式但社會期待高度明確的制度，消費者根據服務滿意度自願支付，一般為帳單的 15%～20%。這筆錢多半由服務生直接收取，是其薪資的主要來源之一。

第一節　服務費怎麼來的？─制度化小費的臺灣經驗

　　反觀臺灣，絕大多數餐廳並未要求顧客支付額外小費，服務人員的薪資亦由店家支付，不仰賴顧客給予補貼。部分中高端餐廳則直接在帳單中列入 10%服務費，但這筆錢通常是進入公司帳戶後再分配，非直接進入服務人員口袋。

　　從經濟制度角度看，臺灣的做法屬於「小費制度的制度化」，將本應由顧客決定的變動性獎勵，轉化為固定比例的附加成本，進一步納入價格體系。

➡ 為什麼臺灣沒有小費文化？

　　這個問題可以從歷史與社會心理兩個面向理解：

- 歷史背景：早期臺灣的服務業多仰賴親戚與熟人經營，小費被視為「多此一舉」或「不體面」。
- 平等觀念強烈：社會傾向以一致對待所有勞動者，對小費制度容易產生階級感與差別對待的反感。
- 薪資結構穩定化：臺灣多數服務人員已具基本底薪，小費非其生存必要收入來源。

　　這些文化與制度背景，導致即便觀光客帶來國際習慣，小費文化也始終未能落地生根。

第七章　制度與誘因：你付的錢有多少是給人、給制度？

➡ 10%服務費的經濟功能：真的「回饋」服務人員嗎？

許多消費者誤以為10%服務費等同於小費，會直接分給服務員。但實際上，其用途多樣化：

- ❖ 補貼後場廚房與清潔人員的人力成本
- ❖ 作為服務獎金評分依據的一部分
- ❖ 用於內部員工旅遊、訓練等集體福利

根據臺灣連鎖餐飲業者實務訪談，10%服務費多由會計部門統籌管理，與營收並列列帳，並非專屬給某位服務員的酬勞。因此，顧客與員工對這筆費用的期待常產生落差，甚至引發勞資糾紛。

➡ 心理帳戶與顧客反應：10%被默認還是被排斥？

行為經濟學中的「心理帳戶」（mental accounting）概念指出，消費者對不同類型的支出有不同的心理分類。當顧客看到帳單中突然多出10%，心理上會產生「隱藏成本」的排斥感，特別是在服務並不出色或菜色與期待不符時。

因此，有些品牌選擇「內含服務費」——在標價時已含

第一節　服務費怎麼來的？—制度化小費的臺灣經驗

10%，讓顧客感覺價格透明；另一些則直接取消服務費，改以整體價格略高、但強調「不加收額外費用」的策略吸引消費者。

➡ 服務費制度的倫理問題與管理挑戰

制度化小費看似公平，實則潛藏多重倫理與管理難題：

- ❖ 無法反映個人表現：優秀的服務員與普通員工獲得相同分配，可能打擊積極性。
- ❖ 後臺人員難以評估貢獻比例：服務費究竟該如何在前後場分配？常無明確標準。
- ❖ 激勵與績效模糊化：員工容易將其視為固定收入而非變動獎勵。

這些問題使得服務費制度在推動激勵與提升顧客體驗上效果有限，也讓企業經營者不得不尋求配套獎金、績效制度補強。

➡ 小結：你願意為服務多付多少？

制度化服務費是臺灣餐飲經濟的一種妥協 —— 它承認服務價值需要被反映在價格中，卻又迴避了讓消費者「自己決定價值」的不確定性。

10%的收費看似簡單,其實是一場關於價值、制度、公平與管理的精密設計。下一次你看到帳單尾端的那行字,也許可以多想一層:我付的,不只是錢,而是對服務的肯定,還是對制度的默許?

第二節
激勵與道德風險:
績效制度對顧客的影響

當你踏進一間餐廳,發現服務生親切地介紹菜單、主動加水、頻繁微笑時,是否曾想過:他們的努力是否來自內心真誠,還是源自一套績效制度的壓力?現代餐飲業愈來愈傾向引入績效導向的管理機制,試圖以「激勵」提升服務品質、增加顧客滿意度,甚至刺激營業額成長。

但這種制度安排真能讓顧客受益嗎?本節將從激勵理論與道德風險概念切入,剖析績效制度如何影響餐飲現場的服務動機與顧客經驗,並檢視其背後潛藏的行為扭曲與信任風險。

第二節　激勵與道德風險：績效制度對顧客的影響

➡ 激勵制度的基本邏輯：多做就多得？

激勵制度的設計多以「績效＝酬勞」為核心邏輯。常見方式包括：

- ❖ 根據月營業額或桌次數給予獎金
- ❖ 依照顧客填寫的滿意度評分發放獎金
- ❖ 推薦指定套餐、加購甜點、飲料有業績分紅

這些制度初衷在於促進主動服務與銷售熱情，彌補底薪制度無法激發動能的問題。然而，過度依賴績效也容易產生「短期目標導向」與「不擇手段」的問題。

➡ 道德風險的產生：為了業績犧牲顧客體驗

道德風險（moral hazard）原是保險與經濟學概念，指的是個體在某些條件下做出違反他人利益卻不需自負成本的行為。在餐飲業中，績效導向的服務制度可能產生以下道德風險：

- ❖ 過度推銷：為求業績頻繁打擾顧客、誇大餐點特色，甚至推銷不合顧客需求的商品。
- ❖ 造假回報：員工內部串通自填問卷，或在顧客未同意情況下幫忙點「五星好評」。

- 選擇性服務：只對高消費桌次展現熱情，忽略低價位或單人顧客。

這些行為不但破壞顧客體驗，也可能傷害品牌信任與永續經營。

➡ 行為經濟學觀點：誘因錯置的風險

行為經濟學家丹・艾瑞利（Dan Ariely）指出，當人們原本基於道德或情感驅動的行為被引入金錢誘因後，可能反而降低其自然動機，這被稱為「誘因錯置」（incentive misalignment）。

應用在餐飲業，當服務員原本因職業榮譽感與顧客互動，但制度強化「銷售導向」時，可能反而讓員工將重心放在「成交」而非「照顧」。長期而言，顧客體驗反而下降。

➡ 組織制度設計的兩難：公平與效率的拉鋸

企業在推行績效制度時常面臨兩難：

- 公平性問題：不同崗位（內場、外場）如何計算貢獻與分潤？
- 評量標準主觀性高：顧客滿意度評分受情緒與主觀感受影響。

第二節　激勵與道德風險：績效制度對顧客的影響

❖ 群體合作被侵蝕：強調個人業績可能導致內部競爭與合作瓦解。

這些風險讓不少品牌逐漸轉向「混合激勵」設計，例如：團隊業績＋個人表現，或以內部主管與顧客雙評比方式，降低偏誤與作弊空間。

➡ 顧客的角色與經驗變化

在績效制度推行下，顧客也不再只是「用餐者」，而是「評價者」與「績效決定者」。這帶來下列影響：

❖ 服務過度主動可能造成壓力感（例如頻繁詢問是否加點）
❖ 顧客感到「被當業績看待」時，信任感下降
❖ 某些顧客享受被重視感，產生心理滿足

顧客對此的反應高度分歧，也使服務員面臨「如何拿捏分寸」的挑戰。

➡ 小結：制度設計影響的不只是員工，還有顧客

績效制度表面上是內部管理機制，實際上卻深刻影響顧客體驗與品牌形象。當激勵設計過度強調量化與短期目標，反而會產生服務表面化、動機扭曲與道德風險等副作用。

第七章　制度與誘因：你付的錢有多少是給人、給制度？

真正有效的制度設計，應該讓服務人員「想要」而非「不得不」提供良好體驗，並讓顧客感受到尊重而非操控。在這條界線之間，正是制度設計的藝術，也是經濟學與心理學交會的現場。

第三節
為何內場與外場薪資差距會影響服務品質？

你可能曾在餐廳用餐時注意到：某些服務生熱情滿點、積極服務，而內場廚房的效率或菜色品質卻時有起伏。這背後不只是一間店的經營問題，更反映出臺灣餐飲業常見的制度現象——內場與外場員工的薪資與待遇差距。

這一節我們將從薪資結構與經濟誘因角度出發，分析內場與外場角色在餐飲服務鏈中的功能分工、獎酬制度，並進一步討論這種差距如何直接或間接地影響整體顧客體驗與品牌評價。你會發現，消費者以為「好不好吃」與「服務好不好」是兩件事，但在制度設計上，其實早已緊密相連。

第三節 為何內場與外場薪資差距會影響服務品質？

➡ 餐廳中的角色分工：內場與外場的分野

在多數餐廳中，工作大致可分為「內場」（後臺，如廚師、助手、洗碗人員）與「外場」（前臺，如服務生、收銀、外送員）。這兩個部門雖然分工明確，但卻共同承擔顧客最終感受到的「整體體驗」。

但實際上，兩者的待遇與壓力卻大相逕庭：

- 外場薪資常搭配績效獎金、服務費分潤、小費等變動獎酬
- 內場則多為固定時薪或月薪，升遷機會少、壓力大
- 相較於外場人員能從顧客的微笑或讚賞中獲得成就感，內場人員往往隱身於廚房高壓節奏中，承擔出餐壓力與錯誤責任

這種「顯性勞動受獎勵，隱性勞動被忽視」的制度設計，正是問題的起點。

➡ 經濟學視角：誘因錯配與產出扭曲

當內場缺乏變動激勵機制時，廚師團隊容易出現以下行為傾向：

- 缺乏改進菜色與口感的動力
- 不願配合特殊餐點需求（例如過敏調整、減鹽減糖）

第七章 制度與誘因：你付的錢有多少是給人、給制度？

❖ 人力流動率高，經驗與默契無法累積

這些因素將直接影響餐點品質與出餐速度，進而影響顧客整體體驗。而外場若獨自承擔顧客壓力，反過來也會出現「過度應酬顧客」或「將內場失誤轉嫁給前臺」等組織摩擦。

這種制度上的誘因錯配，最終導致產出品質的不穩定。

➡ 組織心理與內部公平感

薪資制度不僅是一種報酬，也是一種象徵。心理學研究指出，員工對「內部公平」的感知，直接影響其工作滿意度與留任意願。若內場人員長期感受到「我們做最多卻拿最少」，將出現以下現象：

❖ 工作態度轉為消極、防衛
❖ 難以吸引技術與創意人才
❖ 對顧客服務間接造成冷漠、怠惰的反應

這些狀況即便不直接面對顧客，卻會透過食物與細節滲透出來。

第三節　為何內場與外場薪資差距會影響服務品質？

➡ 案例觀察：制度設計如何改變現場氣氛

某知名連鎖便當品牌導入「後場共享獎金制」，將月營收的一定比例分配給廚房團隊，並與出餐速度、食安標準、顧客回饋連動。推行一年後：

❖ 廚房人員主動提出菜色優化建議
❖ 出餐準時率提升約 20%
❖ 顧客平均滿意度明顯提升

這說明，只要制度將內場努力「顯性化」，其對整體服務品質的正向影響將十分可觀。

➡ 小結：
顧客滿意的背後，是看不見的制度設計

當我們讚賞某間餐廳「服務不錯」、「東西很好吃」時，真正該感謝的，不只是端盤子的人與炒菜的人，更是那套願意讓每個角色被看見、被公平對待的制度設計。

內外場的薪資差距不只是人事成本問題，而是一種誘因與價值分配的選擇。唯有制度將每個人對服務品質的貢獻合理量化與回饋，顧客才能在看似簡單的一餐中，感受到真正的用心與一致的品質。

第四節
平臺抽成的代價：
消費者、店家與制度的三角戰

➡ 平臺經濟的兩面刃

近年來外送平臺快速崛起，從 Uber Eats、foodpanda 到新興的小型在地平臺，幾乎改寫了臺灣民眾的飲食習慣。用手機點餐已成日常，不用出門、餐點快速送達，這看似便利的服務背後，其實隱藏著一筆筆不易察覺的成本——其中最關鍵的就是平臺抽成。

一般來說，外送平臺向餐廳收取約 32％～35％ 的抽成費，這筆費用包含行銷、金流、客服與外送服務等。但這樣的抽成比例在餐飲業界早已引發廣泛爭議。餐廳利潤本就微薄，食材、人事、租金等固定支出已經很沉重，再分出四分之一的營收給平臺，等於壓縮了經營者的生存空間。

➡ 店家選擇：轉嫁還是忍耐？

對多數中小型餐飲業者而言，與平臺合作是一把雙面刃。一方面能接觸更多顧客、擴大營收管道，另一方面卻被

第四節　平臺抽成的代價：消費者、店家與制度的三角戰

迫提高售價、縮減成本，甚至犧牲原有品質。

例如：一家原本賣 95 元便當的店家，在平臺上不得不調高至 120 元以吸收抽成，顧客買單時或許沒感覺，但實際上吃的是「轉嫁後的價格」。更嚴重的是，若為了維持平臺價格不變，店家可能會縮減分量、降低食材等級，長期將損害品牌形象與顧客忠誠度。

根據 2023 年一份餐飲業調查顯示，超過六成中小型店家坦言「與平臺合作後利潤反而下降」，而其中近半數店家表示「為了維持平臺評分與曝光，不得不參與促銷方案，進一步壓縮利潤」。這場被動捲入的價格戰，無疑加劇了產業的惡性競爭。

➡ 消費者感受：便利的代價藏在哪？

從消費者角度看，外送確實節省了交通與排隊時間，但代價是你實際支付的金額早已包含了：

❖ 店家為應付抽成而調高的餐點價格
❖ 平臺加收的外送費、服務費、尖峰加價費
❖ 促銷活動背後的成本分擔（多由店家與顧客共同吸收）

簡單點說，消費者雖然得到方便，但實際付出的，不只是「食物錢」，而是一整套制度成本的「壓縮出口」。

此外，平臺的演算法設計也會影響消費選擇，例如「熱門推薦」與「好評店家」通常是演算加權結果，而非單純的顧客評價。這使得消費者被「誘導」點選特定店家或品項，無形中剝奪了自由選擇的權利，也進一步集中流量、壓縮其他店家的曝光空間。

➡ 制度影響：誰能撐住這場賽局？

平臺經濟的本質是一種「中介機構壟斷」現象。當某兩大平臺控制了九成以上市場，店家幾乎無從選擇，只能「被迫加入」。這種結構產生了兩種制度性風險：

- ❖ 價格權轉移：不是店家訂價，而是平臺規則決定你能賣多少。
- ❖ 數據壟斷：平臺掌握顧客消費數據，進一步推出自營品牌與雲端廚房，與原店家競爭同一市場。

這些發展，正在悄悄改變餐飲市場的原有秩序，也讓餐廳的經營者從創業者變成「平臺的外包員工」。

➡ 案例解析：雞排店的決定與轉型

某家雞排店曾在 2020 年積極與外送平臺合作，卻在兩年後決定全面退出。主因是平臺抽成壓力與「負評綁架」文化讓

第四節　平臺抽成的代價：消費者、店家與制度的三角戰

店家不堪負荷。

退出平臺後，老闆轉向建立自有 LINE 社群與外送員合作，保留部分外送機能，同時回歸在地熟客經營。雖然短期營收下降，但客單價回穩、退貨率下降，且顧客忠誠度大幅提升。這個例子顯示：制度的選擇不只影響商業利潤，更深刻塑造了經營哲學。

➡ 小結：外送平臺不是免費便車，而是制度選擇

外送平臺的出現，帶來前所未有的便利與流量，但同時也重塑了「價格怎麼決定」、「誰是主導者」、「誰承擔成本」等根本問題。當你下一次在平臺上下單，不妨多問自己一個問題：這個價格裡，究竟有多少是給餐廳、多少是給平臺、又有多少是你看不見的制度成本？

制度的每一刀劃下，都會反映在你的餐桌上。

第七章　制度與誘因：你付的錢有多少是給人、給制度？

第五節
點餐機時代：自助服務下的得與失

➡ 自助點餐的浪潮：便利還是壓力？

在你最近一次走進速食店或連鎖咖啡廳時，是不是已經習慣先在螢幕上「自助點餐」，然後等著震動號碼牌通知？這種從人工服務轉為自助機臺的潮流，在臺灣餐飲業迅速普及，從速食業、飲料店、火鍋店、甚至便當店都紛紛導入。

這股變革背後的主要動因之一，是成本壓力。面對基本工資調升、人力難尋與外送經濟崛起的衝擊，自助點餐機被視為一種「降低人力成本」與「加快營運流程」的最佳解方。

但這項制度性創新，真的對所有利害關係人都公平嗎？或者說，它到底讓誰得利，又讓誰承擔了新的成本？

➡ 餐廳業者：效率提升背後的隱性支出

對經營者而言，自助點餐機確實帶來即時好處——減少人力、提升點餐正確率、加快動線管理。但這並不表示自助點餐是「便宜」的選擇。

首先，機器採購與維護成本高昂。以臺灣市場常見的觸

第五節　點餐機時代：自助服務下的得與失

控式雙面螢幕為例，一臺造價約 15 萬～ 30 萬不等，加上定期維護、軟體更新與資料串接，對中小型餐廳來說是一筆不小負擔。

其次，員工的工作型態也悄悄改變 —— 從「顧客服務」轉向「機器維運與問題排解」，而這種技能轉換過程，對原本以情緒勞動為主的內外場人員來說，是一種新的學習負擔。

再者，若操作體驗不佳、點餐邏輯不清，反而導致顧客抱怨增加，還需額外派人引導或補救，反而加重現場壓力。

➡ 勞工處境：機器取代的是誰的工作？

經濟學經典問題：科技進步是否會取代人類工作？自助點餐的出現，讓這個問題變得具體。

根據 2022 年的一份報告指出，過去三年內餐飲服務員的職缺數量雖未明顯減少，但工作內容正逐漸轉型，其中「第一線點餐」工作職責下降，「技術支援」與「設備操作」比例增加，這讓低技術門檻的服務人員面臨淘汰風險。

對部分中高齡就業者而言，機器操作不熟悉，加上過去仰賴人際溝通的服務技巧無用武之地，反而加劇其就業困難。勞動市場的「技能排擠效應」開始出現，當企業偏好「會操作系統」的新人，原有老員工成為被制度淘汰的第一波人群。

第七章　制度與誘因：你付的錢有多少是給人、給制度？

➡ 消費者角色：誰真的喜歡自助點餐？

你是否曾在高峰時段排隊點餐，發現自助機前反而人更多？又或者曾在火鍋店點錯餐卻無人協助，只能重來一遍？

自助點餐強調「自主」，但對不熟悉操作的人（如銀髮族、視障者或外籍人士）反而造成更多障礙。有些消費者甚至出現「點餐焦慮」──面對時間壓力與不熟悉介面，緊張導致錯選餐點、付款出錯，造成整體體驗大打折扣。

心理學家指出，人在壓力情境下的操作失誤率提高，而且在缺乏即時回饋與人際互動下，顧客容易將錯誤歸咎於自身，進一步降低滿意度與忠誠度。

此外，自助點餐也改變了「溝通空間」。顧客過去可詢問菜色內容、請服務員推薦，如今這些互動逐漸消失，餐廳氛圍也轉趨冷感。餐廳不再只是食物的供應地，而更像一臺高度運轉的點餐與出餐機器。

➡ 案例分析：自助機與營運績效的反差

一家複合式簡餐店，在 2021 年導入三臺自助點餐機，初期營收略有提升，但三個月後顧客回訪率下降。原因是：

- ❖ 餐點選單過於複雜，顧客無法快速找到熟悉選項；
- ❖ 新顧客對無人指引感到不安，尤其年長者抱怨頻傳；

第五節　點餐機時代：自助服務下的得與失

❖ 餐廳現場氣氛變得冰冷，少了「被招呼、被關心」的溫度感。

最後，業者調整策略：保留一臺自助機，並重新增設兩名「互動式服務員」，成為介於傳統服務與自助之間的「人機協作模式」，反而提升整體顧客滿意度與營收。

➡ 制度設計的責任：誰來保障「被替代的人」？

制度設計的正義，不只是促進效率，也要考量弱勢影響者的權益。當自助點餐變成新常態，社會應思考：

❖ 餐飲企業是否能提供技能轉換訓練？
❖ 政府是否能針對中高齡者設立「服務轉型輔導補助」？
❖ 設備製造商是否能提升介面友善度，讓不同年齡層都能順利使用？

正如經濟學家阿馬蒂亞・森（Amartya Sen）所言，制度應該提升人的「選擇能力」（capability），而非讓效率主導一切，犧牲了人的尊嚴與參與感。

➡ 小結：自助點餐不是終點，而是選擇的起點

自助點餐改變了我們用餐的方式，也重新定義了餐飲服務的內涵。但我們不能只看見效率與成本，更要關注其中的

第七章　制度與誘因：你付的錢有多少是給人、給制度？

「制度公平」。

真正好的制度，是讓消費者能自由選擇服務方式、讓員工不被科技淘汰、讓經營者在效率與溫度之間找到平衡。當自助機成為常態，我們需要的，不只是會發票的螢幕，更是一套願意為所有人保留選擇空間的制度。

第六節
零接觸經濟下的制度創新與轉嫁成本

➡ 疫情催化的新常態：零接觸成為標準配備

自 2020 年新冠疫情爆發以來，「零接觸」迅速從一種防疫策略，變成整個餐飲產業的制度性創新。無論是手機掃碼點餐、無人櫃取餐、自動門開關，甚至紅外線測溫與無現金支付，整套「無人化」流程迅速滲透每一個角落。

起初，這些措施看似是臨時因應疫情的「備案」，但實際上，許多制度經過優化後被永久保留，甚至進一步深化，成為餐飲業「新常態」的一部分。然而，這場看似科技進步的制度革新，其實也伴隨著角色關係重組與成本轉嫁，值得我們從經濟學角度深入解析。

第六節　零接觸經濟下的制度創新與轉嫁成本

➡ 制度創新誰主導？從企業到顧客的轉向

「零接觸」措施表面上是企業為了顧客健康著想，實則背後往往藏著成本再分配的邏輯。

例如：疫情期間許多店家將菜單全面改為「掃碼瀏覽」，顧客不再能拿到紙本菜單，改以手機操作。這雖然減少了衛生風險與印刷成本，但實際上是將「點餐流程的操作責任」轉嫁給顧客。換言之，原本由店員完成的接待、說明與點餐流程，如今被「數位流程」所替代，顧客在操作上若有困難，就得自行解決，或請教其他顧客。

又如「桌邊結帳」的取消與全場無現金化，雖然提升效率，但對不擅長使用行動支付的族群（如年長者或數位弱勢）形成新的障礙。這些制度設計沒有「誰不能被服務」的公告，但實際上產生了一種無形的排除。

➡ 成本轉嫁的三種形式

在零接觸制度下，我們可以明確辨識出以下三種成本轉嫁形式：

1. 操作成本轉嫁給顧客

顧客需自行理解、學習與執行原本由員工協助的服務流程。

2. 風險成本轉嫁給外送員或第三方平臺

如免接觸配送導致外送員承擔更多安全與衛生風險，卻未有相應補貼。

3. 心理成本轉嫁給勞工

例如因減少與顧客互動而產生的隔離感、疏離感與情緒負擔，尤其在疫情高峰期人員不足時更加明顯。

這些制度上的調整未必源自惡意，但若沒有相應的補償與支援機制，就容易形成「效率歧視」，即那些能適應制度的人享受便利，不能適應的人則被排除於服務之外。

➡ 案例觀察：某連鎖火鍋品牌的自我修正

以一家知名連鎖小火鍋品牌為例，2021 年疫情爆發後全面導入掃碼點餐、電子發票與 QR Code 結帳。初期獲得年輕族群好評，但隨著長輩客群投訴增加，品牌意識到制度設計需考量「適應力差異」。

於是他們在每桌增設「人員協助鈴」，並培訓專責人員專門協助數位點餐需求者。同時設置平板點餐選項，避免強迫顧客一定要用手機操作。這個「雙軌制度」策略，成功留住了高齡顧客，也提升整體顧客滿意度。

這個例子顯示，零接觸制度的設計，不能只看見「科技

第六節　零接觸經濟下的制度創新與轉嫁成本

導入率」，還要評估「適應落差」。制度的優化，必須承認並回應群體間的不平等現實。

➡ 零接觸不是零互動：制度中的人情空間

有趣的是，即使在高科技的無人服務環境中，許多顧客仍渴望「人味」。例如：一些高端咖啡品牌雖全面實施手機預約與無人取貨，但仍特別保留「一句問候語音」或「手寫標籤」這類微小互動，來維持人際連結。

心理學研究顯示，人類在接受服務時，即使已經接受流程自動化，也仍渴望情緒回應與關係認同。這提醒我們，制度創新的設計不該一味追求流程效率，而應兼顧「社會情境」與「情感需求」。

➡ 小結：零接觸制度的下一步思考

零接觸不是壞制度，它確實提升效率與公共安全，但它也潛藏「誰能配合、誰被犧牲」的選擇題。

真正負責任的制度創新，應從全體使用者的角度出發，承認落差、提供備案、維持溫度。當每一項新措施不只是為了省成本，更是為了保障更多人能「平等地被服務」，我們才真正邁向一個有溫度的經濟系統。

第七節
分紅制的力量：
從激勵制度看企業長壽祕密

➡ 分紅制度的經濟學基礎

在談員工分紅制度之前，我們先問一個問題：為什麼有些餐廳永遠看起來「像自己開的」？員工主動、菜色穩定、顧客回訪率高，好像裡頭的每一個人都對品牌有情感連結與責任感。

這背後往往不是因為老闆多麼仁慈或員工多麼熱忱，而是「制度設計得好」。其中最關鍵的制度之一，就是「員工分紅制」。

經濟學中，分紅制度屬於一種「利潤分享」（profit sharing）機制，其假設是：當員工能分享企業的成功，會更有動力維持品質、主動創新、合作共好。這種制度將傳統上下結構轉化為「共同利益體」，讓利潤與責任在公司內部水平擴散。

➡ 分紅制度怎麼運作？

以臺灣一家連鎖蔬食品牌為例，其分紅制度設計包含以下三個層次：

- 每季分紅獎金：依據營業目標達成度、顧客滿意度調查結果、內部考核評比三項指標，計算當季獎金。
- 年終利潤回饋：從全公司年度盈餘中提撥一定比例（如5%）分配至所有正式員工，依年資與貢獻比例分配。
- 內部持股計畫：提供員工購買企業股票（或虛擬股份）的選項，鼓勵長期投入。

這樣的制度不只是金錢上的激勵，更是一種「心理所有權」（psychological ownership）的建構，讓員工感受到「這間公司有我一份」，從而提升責任感與主動性。

➡ 長期成效的三個面向

一項針對臺灣餐飲產業的五年追蹤研究指出，採用穩定分紅制度的企業，在以下三個面向表現顯著優於未實施的企業：

- 員工流動率下降約 35%：因為員工對企業有預期性與承諾感，不易因短期薪資誘因而轉職。
- 顧客滿意度提升約 20%：內部穩定促進服務一致性，顧客體驗更佳，進而強化品牌忠誠度。
- 內部創新提案數量增加近 50%：分紅制度讓第一線人員也願意思考改進方案，從食材管理到行銷活動皆有參與。

這些成果證明，制度設計若將「激勵」與「參與」結合，將大幅強化企業韌性與市場競爭力。

➡ 實務挑戰與反思

當然，分紅制度並非萬靈丹。它在實施上面臨數個挑戰：

- ❖ 指標設計問題：如何設定合理且可衡量的分紅指標，避免過度偏重業績，忽視品質與服務。
- ❖ 透明度爭議：若分紅計算方式不公開或操作複雜，容易產生內部猜疑與不信任。
- ❖ 短期與長期的平衡：若制度過於追求「當期利潤」，可能犧牲長期投入，例如人員訓練或顧客關係經營。

成功的分紅制度需要兼顧財務可行性、組織文化與員工結構，特別是在勞動密集型的餐飲業，更需以細膩的管理手法調節期待與公平感。

➡ 小結：企業制度的靈魂在於共享

激勵制度不只是數字遊戲，更是企業文化的反映。真正能讓企業長壽、品牌深植人心的，不是哪一套打卡規則，而是那份「我在這裡有參與、有貢獻」的制度感。

員工分紅制度所建立的,不只是經濟上的誘因,更是一套集體認同的養成過程。當制度能讓每一個人都覺得「我不是工作機器,而是在創造價值」,那麼企業就有了真正的向心力與續航力。

第八節
制度如何讓人「做好事」：
經濟誘因與道德行為的設計藝術

➡ 好人是天生的嗎？還是制度培養出來的？

你是否曾在用餐時遇過服務人員主動補飲料、送上溼紙巾,甚至幫你照顧孩子？你可能會感慨:「這家店的員工水準真高。」但經濟學的觀點則會進一步追問:這些「好行為」是個人性格的展現,還是制度背後的激勵效果？

制度設計,不只是管控與罰則,它也是一種正向行為的「引導機制」。若制度能夠預設人性、洞察動機,就能讓「做好事」變成最合乎邏輯的選擇,而非只能靠少數人的道德勇氣。

第七章　制度與誘因：你付的錢有多少是給人、給制度？

➡ 行為經濟學的啟示：預設選項與社會規範

行為經濟學家理查‧塞勒（Richard Thaler）與凱斯‧桑思坦（Cass Sunstein）在《推力》（Nudge）中提出：「良好的制度設計，不是命令人怎麼做，而是讓好行為更容易發生。」這種觀點對餐飲業的制度設計提供了兩個重要啟示：

1. 預設選項（default option）

例如：預設加蔥、預設環保餐具，需要「特別選擇」才會更動。這樣的設計讓多數顧客順從最具公共利益的選項，同時也減少員工操作流程中的阻力。

2. 社會規範提示

如張貼「95%的顧客選擇不使用塑膠袋」的告示，能顯著提升環保行為出現率。當顧客與員工都知道「大多數人都這樣做」，就會傾向從眾行善。

這些微小的制度安排，不需要獎金或懲罰，卻能有效地改變行為，創造更有秩序與溫度的用餐場景。

➡ 餐廳內部制度的「善意誘導」

一間素食餐廳設立一項制度：每日由主管公開表揚一位表現亮眼的員工，獎品僅是一張寫著「今天你讓顧客微笑」的手寫卡。這張卡片無法兌現現金，卻可張貼在公共布告欄，

第八節　制度如何讓人「做好事」：經濟誘因與道德行為的設計藝術

並獲得一次由主廚為其專屬烹調的員工餐。

這樣的設計背後其實運用了「道德貨幣」的概念——讓好行為本身產生象徵性的回報與集體尊敬，而非僅靠物質獎勵。這張小卡在餐廳內部被視為一種「榮譽徽章」，也逐漸成為激勵其他員工效法的制度性裝置。

這樣的制度例證說明，「讓人做好事」的制度，不一定需要多複雜，關鍵在於讓「好行為被看見、被記住、被推廣」，讓員工與顧客都能在制度裡建立行為回饋的正循環。

➡ 顧客行為也可以被「設計」出來

除了內部激勵，許多制度設計也能促進顧客的善意與合作。例如：某些店家會設置「分享櫃」——顧客若沒吃完配菜，可將乾淨未觸碰的部分放入共享區，供其他顧客取用。這樣的制度需要信任，也需要社會監督機制。

為了避免濫用，店家在旁設立透明化監控與規範提示，例如：「超過 80% 顧客遵守規定，讓分享變成可能」，透過數據與語言建立規範感，讓顧客的自律行為被制度性地鼓勵與框架化。

這類制度的成功關鍵，在於建立一種「我不是唯一這麼做的人」的共識，讓顧客之間的善意彼此放大，甚至成為品牌記憶的一部分。

第七章　制度與誘因：你付的錢有多少是給人、給制度？

➡ 制度的回饋迴路與信任養成

制度設計若要促進良善行為，還必須建立「即時回饋」的迴路。例如：當顧客在外送平臺上留下好評後，若店家能即時透過回應或簡訊感謝，會增強顧客再度提供好評的意願。

相對地，若回饋機制缺失，即使顧客有心給予正向回饋，也會因無感而逐漸冷卻參與熱情。制度若能即時「回應善意」，就能讓信任與參與產生滾動式成長，形成制度性信賴。

經濟學者伊莉諾·歐斯壯（Elinor Ostrom）曾主張，良善制度的特質在於「不假定人性自私，而是提供支持人合作的結構」。這點對餐飲產業尤其重要──若你希望員工與顧客都願意為彼此多走一步，制度就必須先為他們鋪好路。

➡ 小結：善意，不只靠好人，還靠好制度

我們習慣稱讚「人真好」，但其實更多時候，是制度讓人有機會展現善意。讓顧客自動回收餐具、讓員工自願幫助同事、讓社群自然發起正評──這些行為如果能制度化與常態化，才是真正可持續的「做好事」機制。

制度從來不是冷冰冰的規則總和，它是一套行為預設與價值放大的機制。當我們用制度鼓勵善意，讓行為的代價降低、讓回饋變得即時，才能讓更多人願意在日常中成為「那個多做一點的人」。

第八章

公共與公平：
吃飯這件事怎麼變成國家大事？

第八章　公共與公平：吃飯這件事怎麼變成國家大事？

第一節
營養午餐背後的經濟邏輯：
為什麼國家要請孩子吃飯？

➡ 吃午餐怎麼會變成國家責任？

你是否曾經好奇，為什麼學校要提供營養午餐，甚至還要政府補助？這聽起來像是教育或健康的問題，但實際上，它也是一個深刻的經濟議題。

從經濟學角度來看，當一個市場出現「無法讓所有人公平獲得基本服務」的情況，就會形成所謂的「市場失靈」。而孩子的營養，就是一個容易發生市場失靈的領域。

因為兒童無法為自己的飲食負責，若家庭經濟能力不足，孩子容易出現營養不良、專注力低落、學習成效下降等問題。這不僅影響個人，也會在未來形成整體人力資本的損失。換句話說，孩子今天沒吃飽，國家未來要付出更高的代價。

➡ 營養午餐是一種「公共投資」

從政府財政的角度，補助學校營養午餐其實是一種報酬率極高的「公共投資」。根據聯合國糧農組織（FAO）統計，針

第一節　營養午餐背後的經濟邏輯：為什麼國家要請孩子吃飯？

對弱勢兒童提供營養午餐的政策，每投入 1 美元，其社會回報可達 3～10 美元，回報來源包括學業表現提升、醫療費用減少、勞動力水準提升等。

自 2002 年《學校衛生法》修法確立營養午餐與營養師制度以來，臺灣已逐步推動國中小營養午餐補助與普及。政府自 2017 年起積極鼓勵使用國產可溯源食材（如 CAS、產銷履歷、溯源 QR Code），並逐步導入在地採購與原型食物設計策略，同時注重營養均衡與食農教育。針對偏鄉學校與弱勢家庭，也推出中央廚房、加碼食材補助與人力補助等方案，補助學生數以十萬計。

這些政策的核心精神不只是填飽肚子，而是「用吃來實現教育公平」，讓每個孩子不因家庭背景不同，而在學習起跑點上就被拉開差距。

➡ 看不見的好處：讓孩子有尊嚴地吃飯

許多人以為補助營養午餐只是「發錢讓孩子吃飽」，但事實上，制度設計的關鍵在於「去標籤化」與「普及化」。

當補助只針對少數學生，容易產生貼標籤效應——例如「低收入戶吃免費便當」的印象。為了避免這種社會比較，許多學校選擇「全校統一吃營養午餐」，由政府吸收部分費用，讓所有學生都在相同環境中用餐，不會有人被特別對待，也

第八章　公共與公平：吃飯這件事怎麼變成國家大事？

沒有人因為沒錢吃而被排擠。

這樣的制度設計，其實反映了經濟學中「資訊不對稱」與「社會排除」的問題，透過普及制來消除潛在的社會壓力與歧視風險，是非常高明的社會成本內部化手法。

➡ 家長省錢，經濟有感

根據 2023 年一份調查顯示，若自備便當或外食，每位學生每日午餐平均花費約 70～90 元，但透過營養午餐制度，家長實際負擔多半低於 40 元，甚至有部分學生可全額免費。對一個月收入有限的家庭來說，這代表每月可節省約千元以上開銷。

而這筆「節省下來的錢」，會再進入其他生活支出，形成新的消費循環。因此營養午餐不只是社會補助，更是一種溫和的擴張性財政政策，刺激基層經濟活絡。

➡ 在地農業的意外助力

你知道你家附近的小農，可能就是學校便當的供應者嗎？

臺灣許多地方政府推動「校園食材在地採購」，不僅提升食材新鮮度，也縮短運輸距離、降低碳足跡，還能幫助在地農民穩定銷售。

以嘉義縣為例,自 2021 年起與當地小農合作,供應國中小學營養午餐的蔬菜與雞蛋,不僅保證價格、每月固定出貨,也讓孩子吃得安心、農民種得放心。這種模式實現了「一餐三贏」:孩子健康、農民收益、環境友善。

➡ 小結:午餐不只是吃飽,是整體公平的起點

營養午餐政策的本質,不是為了吃飽而已,而是從吃開始,解決教育、健康、貧窮與地方產業等多層次問題。

當我們用經濟學的眼光重新審視這個政策,會發現它其實是一種深具前瞻性的社會投資。下一次看到學校餐車送來一籃籃熱飯熱菜,不妨想想:這一餐,其實是國家為公平與未來所上的一堂經濟課。

第二節
共食的力量:當廚房變成照顧的起點

➡ 為什麼「一起吃飯」值得被政策支持?

你是否曾注意到,在許多鄉鎮社區裡,總有一些地方固定時間會聚集長輩共餐?這些場景不只是吃飯,更像是一場

第八章 公共與公平：吃飯這件事怎麼變成國家大事？

小型的日常社交活動。而這樣的共食場域，正在被臺灣政府視為「照顧高齡社會」的創新解方之一。

從經濟學角度來看，社區共食與長照廚房的發展，正是用「集體消費」來解決個人風險的制度創新。透過規模化與公私協力，不僅提升照顧效率，也降低單一個體的負擔，是典型的「公共財」邏輯在飲食照顧領域的應用。

➡ 高齡化社會的飲食問題

臺灣已邁入高齡社會，超過 16％的國民年齡在 65 歲以上，許多長者獨居、行動不便或失能，造成三大飲食困境：

- 備餐能力不足：年邁者操作廚房具風險，容易跌倒、燙傷。
- 營養攝取不均：長者若僅仰賴冷凍食品、泡麵，容易營養不良。
- 孤獨進食導致心理退化：長期獨自用餐會加速社交能力下降與憂鬱感累積。

這些看似「吃飯的問題」，實際上與醫療支出、長照壓力、社會支持網密切相關。換言之，一頓飯吃得好不好，會直接影響一個人是否需要長期照護。

第二節　共食的力量：當廚房變成照顧的起點

➡ 長照廚房：從家庭煮飯走向社會機制

「長照廚房」的概念，即是由政府、社區或非營利組織營運的共餐空間，專為長者設計營養餐點、提供交誼場域、甚至結合簡易健康檢測與生活協助。

以新北市為例，社區關懷據點在長照 2.0 政策補助下，提供營養餐飲與多元據點服務。每日均提供現場用餐與送餐服務，並由志工陪伴用餐，通常設有交誼空間讓長輩社交互動，亦能進行基本健康量測，如血壓。據相關補助計畫文件，這些據點皆獲得志工保險、誤餐補助與交通費補貼，彰顯落實社區型長照關懷與服務的用心。長者不只吃飯，也在過程中重新建立生活節奏、人際互動與健康監控。

這樣的制度設計，將「飲食」與「照顧」結合，讓長照從醫療與人力密集的模式，轉向更具社會連結與成本效益的生活照顧網。

➡ 社區的復興與「吃」的社會意義

除了健康與照顧層面，社區共食還有一項經常被忽略的價值：重建地方連結。

當長者、鄰里、志工與店家都在這張共食餐桌上交會，社區便不再只是地理位置，而是有溫度的生活單位。彼此看

第八章　公共與公平：吃飯這件事怎麼變成國家大事？

見、彼此關心，才能真正建立起社會安全網。

某些縣市甚至將社區廚房發展成「多功能社會企業」，例如由失業婦女負責備餐、由在地農民供應食材、由青年志工進行健康宣導 —— 這不僅解決長照，也創造就業與地方經濟循環。

➡ 小結：一頓飯，連結的不只是胃

社區共食與長照廚房，不只是福利政策，而是一套從人性出發、用飲食解決社會問題的制度創新。

它提醒我們，經濟學不是只有生產與消費，更是生活的設計學。當我們能設計出讓人願意相聚、彼此照顧、共享資源的制度，那麼「一起吃飯」就不只是習慣，更是一種經濟與社會的回應。

下一次你看到社區廚房，不妨想想：這不是一間廚房，而是一個微型的照顧經濟體。

第三節
糧食券還是現金好?
公平分配的經濟辯論

➡ 同樣是補助,為什麼要分成「券」跟「現金」?

當政府想要幫助經濟弱勢者解決吃飯的問題,有兩種最常見的補助方式:一種是發放「現金補貼」,讓受助者自由運用;另一種是發給「糧食券」或「餐券」,限定只能用來購買特定食物或在特定地點使用。

兩種方式看起來只是形式不同,但其實背後牽涉到深層的經濟學辯論 —— 政府該提供「完全自由的選擇權」,還是應該透過限制來確保資源被「正確使用」?

➡ 現金補貼:尊重選擇還是誘發浪費?

支持現金補貼者主張:當人們拿到錢,可以依照自身需求做最合適的選擇。這種自由選擇權不只是效率提升,也代表對受助者尊嚴的尊重。

例如:有些家庭可能已有基本食物來源,反而更需要的是交通費、瓦斯費或醫療支出,這時如果只能使用糧食券,

reflect 反而會造成資源錯置。

但批評者則指出,現金補助容易被用在非必要消費,甚至買菸、買酒、買樂透,無法確保真正用於解決基本民生問題。因此有人認為,現金補助雖尊重自由,卻存在「誘發不當支出」的風險。

➡ 糧食券:保障基本需求還是限制太多?

糧食券的優點是明確且具體 —— 它確保補助用途是吃飯,不會被挪用到其他項目。對政府而言,這代表政策效益的可控性與可監管性。

美國自 1960 年代以來即推動「糧食券制度」(後稱為 SNAP),成功幫助數千萬低收入戶獲得穩定食物來源。研究顯示,SNAP 計畫顯著降低美國的兒童營養不良與學習落差,是全球參考的經典案例。

但糧食券也面臨幾項挑戰:首先,限制使用範圍等於縮小了受助者的彈性空間,可能無法照顧到家庭的多樣需求。其次,實務上也容易產生「貼標籤」效果,讓領取者在商店使用時感到羞辱或不自在。

第三節　糧食券還是現金好？公平分配的經濟辯論

➡ 公平的關鍵在「使用者視角」

經濟學者阿馬蒂亞・森（Amartya Sen）強調，真正的公平不是資源分配的總量，而是「選擇能力」（capability）的可及性。

以此觀點來看，補助制度的設計，應優先考慮受助者的生活脈絡與選擇自由。例如，對於行動不便或偏鄉民眾，現金補助可能更實用；對於兒童營養不良、獨居長者等特定對象，糧食券或送餐制度則更具針對性。

也就是說，與其爭論哪種方式「更公平」，不如設計出「因人而異、因地制宜」的混合型制度。

➡ 臺灣經驗：多元彈性正在形成

臺灣近年也開始出現多樣化的補助方式。例如：

- 某些縣市推動「安心餐券」，讓低收入戶自由選擇合作店家用餐，兼顧尊嚴與使用彈性。
- 新北市自 2013 年推動「幸福食堂」，至 2025 年設逾千據點，結合供餐、送餐與志工陪伴，兼顧長者營養與社交。
- 衛福部「食物銀行」制度，讓受助者可依據家庭狀況定期領取食材包，配合營養師指導使用。

第八章　公共與公平：吃飯這件事怎麼變成國家大事？

這些模式呈現出「現金＋實物＋服務」的混合補助架構，更貼近社會真實需求。

➡ 小結：公平不是給得一樣，而是用得剛好

回到最初的問題──糧食券比較好，還是現金比較公平？答案或許是：看對象、看需求、看場景。

一套好的補助制度，不能只靠單一標準，而應該像量身訂做的西裝，讓不同人都能穿得剛剛好。

當我們從「效率」與「尊嚴」兩個角度出發，就能理解制度不該只看發放者的便利，更要重視使用者的尊重。那麼，不論是現金還是糧食券，都能變成一個幫助人活得更好、更自由的制度工具。

第四節
當市場不夠力，公共餐飲補上空缺：
誰來保證基本的吃飯權？

➡ 市場真的能滿足所有人的「吃」需求嗎？

在經濟學中，「市場」通常被視為最有效率的資源分配機制。但前提是──每個人都有支付能力、資訊對稱、競爭充分。但當這些條件不成立時，市場就會出現「失靈」現象，也就是無法讓資源公平有效地分配。

「吃」這件事，看似單純，其實是極容易發生市場失靈的領域。

想想看，當你住在偏鄉，附近沒有超市、沒有小吃店，即便你有錢也買不到食物；又或者你是獨居長者或行動不便者，即使有餐廳，也沒辦法自行購買。更不用說那些生活在社會邊緣、收入不足以穩定購買三餐的人。

這些情況下，市場無法滿足基本的「生存需求」，這時就需要公共部門介入，補上市場的缺口。

第八章　公共與公平：吃飯這件事怎麼變成國家大事？

➡ 公共餐飲是什麼？

公共餐飲指的是由政府、非營利組織或社區單位主導，提供價格合理、營養充足的餐食服務。它的目標不是獲利，而是保障民眾基本的「吃飯權」，減少因貧窮、孤立或身體限制而無法進食的風險。

在臺灣，我們常見的公共餐飲型態包括：

- 長照食堂：如前一節提到的社區共餐計畫。
- 社會食堂：如新北市的「銀髮友善共餐體系」、臺南的「惜食餐桌」。
- 流動餐車／行動廚房：針對災後、偏鄉或流浪人口設計的機動送餐機制。
- 學校午餐：兼具教育與營養功能的公共飲食制度。

這些系統，正是用來修補「市場照顧不到的空間」。

➡ 公共餐飲的三個角色功能

- 糧食安全的保障者：確保所有人不因經濟、地理或身體限制而斷炊，是最基本的人權保障。
- 社會連結的促進者：讓原本孤立的人，因為「吃飯」這件事有機會接觸他人、重新被看見。

第四節　當市場不夠力，公共餐飲補上空缺：誰來保證基本的吃飯權？

❖ 地方經濟的支持者：許多公共餐飲採用在地農產品、聘用在地勞工，成為社區經濟循環的一環。

這三個角色，構成了公共餐飲作為「社會投資」的價值基礎。

➡ 成本效益分析：值得嗎？

很多人會問：這些公共餐飲不是免費或低價，政府為什麼要花錢補貼？有沒有值得？

根據 2022 年一份評估報告指出，公共餐飲每投入 1 元成本，平均可產生 1.7 元的社會效益，包括：降低醫療支出、提升勞動參與率、降低社會孤立指數等。

也就是說，這不只是「慈善」，而是一種「社會投資」。與其事後救濟，不如前端預防，讓民眾在吃得起、吃得到的條件下保持健康與連結，長遠來看更具財政與社會效益。

➡ 市場與公部門可以合作嗎？

公共餐飲不等於排除市場。有些城市開始嘗試「公私協力」的混合模式：

❖ 政府補貼一定金額，由民間餐廳提供公共定價餐食，例如「平價便當聯盟」。

第八章　公共與公平：吃飯這件事怎麼變成國家大事？

- ❖ 民間平臺協助媒合「捐一份餐」的公益機制，政府提供稅務抵減。
- ❖ 外送平臺與社福機構合作，讓送餐不再只服務消費者，也能照顧邊緣族群。

這些創新合作顯示，市場不是敵人，只要制度設計得當，就能成為公共服務的夥伴。

➡ 小結：公共餐飲，是社會安全網的一塊拼圖

當市場無法滿足所有人的吃飯需求時，公共餐飲制度就是那塊補上去的拼圖。它不只是解決飢餓，更是打造尊嚴、連結與安全感的重要基礎。

在資本主義社會裡，我們不該讓「誰吃得起、誰吃不到」變成貧富差距的具體表現。透過公共餐飲，我們有機會讓「吃飯」不只是生存的基本權利，也是一種社會的集體承諾。

第五節
食物銀行的再分配力量：
剩食如何變成社會資源？

➡ 為什麼我們要在食物還沒壞掉前把它丟掉？

每年臺灣平均浪費超過 60 萬公噸的食物，其中不少來自還能安全食用的「剩食」。這些剩下來的食物，可能是超市的即期商品、餐廳的未售出料理、甚至是農地裡因規格不符而無法上架的蔬果。

與此同時，社會上卻有許多人面臨著「糧食不安全」的困境 —— 三餐不穩、營養不足、甚至長期飢餓。

這個矛盾反映了資源分配的不平衡，也讓「食物銀行」這個制度性創新應運而生。

➡ 食物銀行是什麼？

簡單來說，食物銀行就是把原本要被丟棄的食物，透過標準流程進行回收、檢查、分類、分配，轉交給有需要的人。

這些系統多由非營利組織或社福機構負責營運，來源包括：

第八章　公共與公平：吃飯這件事怎麼變成國家大事？

- ❖ 超市、便利商店的即期食品；
- ❖ 農民或農會提供的外觀不佳但可食用農產品；
- ❖ 餐廳、飯店捐出的多餘食材；
- ❖ 民眾捐贈的乾糧或日用品。

再經過物流管理、冷鏈配送與地面社工協助，讓這些原本將被浪費的食物「重新進入生命循環」。

➡ 經濟學的觀點：剩食是失衡，也是機會

在經濟學裡，剩食是一種「資源錯置」的具體表現。生產出來卻未被使用的食物，本質上就是一種「無效分配」，不僅造成環境負擔，也代表社會生產力被浪費。

而食物銀行的制度設計，就是一種「次級市場重組」：將剩餘資源從被拋棄的邊界，重新導向有需求的地方，創造新的社會價值。

若搭配政府的物流補助、稅務減免與企業 CSR 政策，還能進一步轉化為一種「結構性的再分配」策略。

➡ 食物銀行怎麼做？

目前在臺灣，包含中華基督教救助協會、家扶中心、惜食廚房等多個單位均投入食物銀行相關工作。

第五節　食物銀行的再分配力量：剩食如何變成社會資源？

以新竹的「惜食分享網」為例：

- 每日與當地超市合作，定時回收即期品；
- 建立冷藏物流車隊，維持食物保存品質；
- 社工根據受助家庭人口數、健康狀況、宗教飲食習慣進行個別化食材包分配；
- 結合在地社區食堂，將無法分裝的食材直接烹煮並共食。

這個案例不僅回收食物，更建立了社會網絡，讓「剩食」變成一種可預期、可管理的社會資源。

➡ 剩食回收制度的挑戰

當然，這套制度並非無懈可擊，仍存在幾項重要挑戰：

- 食安問題：即使是未過期的即期品，也需謹慎檢查與管理，避免二次分配出現食安風險。
- 物流與倉儲成本：冷藏、分類、配送等流程成本高昂，若無穩定經費支持，制度易中斷。
- 社會觀感問題：受助者可能因「拿剩的」而產生羞辱感，必須透過制度設計與語言包裝轉化意象。

例如：有些單位以「社區共享包」、「幸福物資箱」命名，並搭配環保、惜食等正面敘事，提升參與意願與自我認同感。

第八章　公共與公平：吃飯這件事怎麼變成國家大事？

➡ 政策上的支持可能性

為讓食物銀行穩定運作，政府可以考慮以下幾項制度支持：

❖ 設立「剩食物流基金」，補助冷鏈設備與運輸；
❖ 提供稅務減免給捐贈者，鼓勵企業與農民參與；
❖ 整合社福系統與食物銀行資料，提升服務精準度；
❖ 將食物銀行納入環保政策，作為減碳與資源循環的一環。

這些措施有助於讓食物銀行從「補救性服務」轉型為「系統性制度」，真正融入經濟循環中。

➡ 小結：
剩下的食物，
不是無用的垃圾，而是有力的轉機

在貧富差距日益擴大的今天，食物銀行與剩食回收制度，是少數能同時結合「環保」、「社福」與「經濟再分配」的政策工具。

它提醒我們，社會的問題往往不是資源不足，而是分配失衡。當我們懂得把原本要丟掉的東西，透過制度再分配給有需要的人，那不只是惜食 —— 那是我們在修補一個更公平的社會秩序。

第六節
碳足跡與隱藏的代價：
當環境成本進入餐桌計算

➡ 你吃的每一口，地球都記得

當你吃下一塊牛排、一根香蕉或一碗炒飯時，你可能沒想過這背後隱藏的「環境代價」。事實上，每一種食物從生產、運輸、加工、冷藏到送上餐桌，過程中都會排放二氧化碳與其他溫室氣體，這就是我們常聽到的「碳足跡」——碳足跡指的是一個產品在整個生命週期中所產生的總溫室氣體排放量。

這些看不見的碳，其實是我們日常消費中一筆未被標示卻始終存在的「隱性成本」。當市場價格無法反映這些環境代價時，經濟學稱之為「外部性」。

因此，如何將這些隱藏成本「內部化」，讓每個人能在消費選擇時真實面對自己的環境影響，就成為永續飲食政策中的關鍵挑戰。

第八章　公共與公平：吃飯這件事怎麼變成國家大事？

➡ 為何碳足跡需要被「內部化」？

在傳統市場機制下，企業只需對自身成本與利潤負責，卻不需承擔對環境造成的破壞。舉例來說，一間大量進口冷凍牛肉的連鎖餐廳，可能因規模經濟而壓低價格，吸引大量顧客，但其跨國運輸、冷藏與畜牧產業排碳，卻成為整體社會的負擔。

這種「環境外部性」若不被矯正，就會出現一個結果——傷害環境的食物價格便宜，而永續友善的食物反而價格高昂，讓消費者被迫在「負責任」與「負擔得起」之間做選擇。

而環境成本內部化的目的，就是要讓這種扭曲的價格邏輯恢復公平。讓價格不只反映成本與利潤，也包含其對環境的長期影響。

➡ 實際做法有哪些？

1. 碳標籤制度

像營養標示一樣，在商品上標示每項產品的碳排放量。讓消費者了解自己的選擇會產生多大環境影響。例如：一份牛排的碳足跡可能高達 3 公斤 CO_2，而同量豆腐的碳排放不到 0.5 公斤。

2. 碳稅／環境稅

針對高碳排商品課稅，將成本轉入市場價格，讓高汙染產品價格上升，促進綠色選擇。

3. 碳補貼

反向激勵，針對低碳排放農業、在地供應鏈、再生農法提供補助，讓永續飲食更容易被消費者負擔。

4. 環境影響評估納入食品標案

政府在採購學校營養午餐、軍隊或醫療院所食材時，納入碳排評估指標，提升制度推動力。

這些制度設計目的並非懲罰，而是「揭示真實成本」，讓市場與社會共同承擔永續責任。

臺灣現況與挑戰

臺灣目前已有部分企業自願實施碳標籤，如統一、全聯與部分有機食品通路。但整體仍處於初期階段，普及度低，且民眾對「碳排數字」的感知有限，難以內化為購買依據。

另外，推行碳稅也面臨政治與社會溝通的挑戰──如果碳稅造成基本食品價格上漲，恐引發基層民生壓力，反而導致政策反彈。

第八章　公共與公平：吃飯這件事怎麼變成國家大事？

因此，碳內部化政策的設計，需搭配配套補貼機制與教育推廣，並透過漸進式的制度轉換，引導社會共識累積。

➡ 消費者角色：價格之外的新選擇邏輯

對一般人來說，「價格」往往是最直接的購買判準。但當碳足跡概念普及後，或許我們將開始考慮：

- ❖ 這包草莓為什麼來自智利而不是苗栗？
- ❖ 這瓶水的瓶身可不可回收、是否使用再生塑膠？
- ❖ 我是否願意為碳足跡較低的選擇多付 5 元？

這些思考，雖然看似微小，但正是整體飲食文化轉變的開始。

➡ 小結：讓地球的代價進入菜單

環境成本內部化，是讓價格更誠實的制度嘗試，也是讓社會更公平地分擔永續責任的必要路徑。

當我們開始在意食物背後的碳足跡，不只是關心氣候變遷，更是試圖在經濟活動中，找回對自然資源的敬重與節制。

下一次當你拿起一份便當，不妨問問自己：這不只是「吃得飽」，而是「吃得對嗎」？

第七節
政府該怎麼管你吃什麼？
干預、引導，還是放任？

➡ 吃飯這件事，政府有沒有資格插手？

我們可能覺得吃飯是最私人的選擇之一 —— 今天要不要喝手搖飲？晚餐吃速食還是家常菜？好像都是個人自由，政府管得著嗎？

但從經濟學與公共政策的角度來看，「吃」其實早就是政府介入的領域。從學校營養午餐、進口糧食關稅，到食品安全規範、營養標示、甚至夜市攤販管理，都在在顯示政府對飲食環境有不可忽視的影響。

問題是：政府該怎麼介入？是要用法律嚴格限制、以獎勵方式引導，還是乾脆交給市場自由決定？這就是干預（intervention）、引導（nudging）與放任（laissez-faire）三種不同政策角色的核心差異。

第八章　公共與公平：吃飯這件事怎麼變成國家大事？

➡ 三種政府角色的飲食政策範例

1. 干預式：直接規範與限制

- 禁止販售過期食品；
- 強制標示熱量、添加物；
- 限制學校販售高糖飲料。

2. 引導式：設計誘因、塑造行為

- 鼓勵企業採用健康食材給予稅務減免；
- 補助蔬果供應鏈，降低生鮮價格；
- 設計「預設選項」讓餐廳預設半糖或減鹽，顧客需主動更改才能獲得高糖高鹽版本。

3. 放任式：不干涉，由市場或個人自由選擇

- 食品廣告不設限制，由消費者自我判斷；
- 餐點內容與營養成分不須揭露，消費者自行承擔風險。

每種方式各有利弊。干預可能較能快速產生效果，但也容易引發反彈與規避行為；引導較為溫和，但需時間與細緻設計；放任最自由，但對弱勢族群較不利。

第七節　政府該怎麼管你吃什麼？干預、引導，還是放任？

➡ 為何「吃」需要政策介入？

飲食不只是個人行為，它會產生社會後果。例如：

❖ 高熱量、高糖飲食普及，導致全民肥胖率與代謝疾病上升，造成健保負擔；
❖ 過度依賴進口糧食，可能因國際價格波動引發糧食危機；
❖ 廢棄餐盒與過度包裝，產生大量環境垃圾。

這些外部性若不透過政策調整，就會造成整體社會的效率損失與公平問題。

➡ 政府角色的轉變趨勢：從強制到「智慧干預」

過去的飲食政策偏向干預式，例如「全面禁售含反式脂肪食品」，或限制某些食品進口。但現代政府越來越傾向「智慧型干預」（smart intervention）：

❖ 使用數據預測熱區，推動健康飲食宣導；
❖ 結合科技，如健康餐 App、數位碳足跡計算器，提升公民自我管理能力；
❖ 透過公私協力平臺，如社區農市、共享廚房，打造自主參與的永續飲食生態。

第八章　公共與公平：吃飯這件事怎麼變成國家大事？

這種「不那麼命令式」的政策設計，不僅效果更持久，也有助於降低社會反彈，提升參與意願。

➡ 臺灣的制度演進與挑戰

臺灣近年在營養午餐政策、食品安全法規、糧食進口管理等方面皆已逐步提升標準，但仍面臨幾項關鍵挑戰：

- 資訊落差：弱勢族群往往最無法接觸到正確飲食資訊，也最易受市場行銷誤導。
- 政策碎裂：飲食相關政策橫跨農政、衛政、教育與經濟部門，缺乏統一整合平臺。
- 文化慣性與商業利益拉扯：即使政府希望推廣低鹽低糖飲食，卻常與食品業者的銷售策略衝突。

這些問題需要不只是單一法規，而是跨部門、跨產業的整體政策協作機制。

➡ 小結：吃，是個人選擇，也是公共議題

在自由社會中，吃什麼當然應該由個人決定，但當這些選擇累積成社會健康、環境壓力與公平問題時，政府就有責任提供更有利的制度環境。

一套好的飲食政策，不是控制你怎麼吃，而是讓你有機

會「吃得更好、吃得更明白」。干預也好、引導也罷,重點是:制度能不能照顧到最需要的人,並且讓大多數人在不知不覺中做出更好的選擇。

當政府願意從「控制」轉向「協助選擇」,我們才能真正建立一個自由又健康的餐飲經濟社會。

第八節
讓所有人都有飯吃:
經濟設計的最後挑戰

➡ 為什麼「吃飯」這麼簡單的事,
　還有這麼多人做不到?

在臺灣,一般人可能會覺得:「每天吃飯不是理所當然的嗎?」但事實上,即便在相對富裕與穩定的社會,也仍有許多人在「每天吃什麼」這件事上面臨極大困難。無論是街頭的無家者、偏鄉的獨居長輩、低薪勞工家庭的孩子,或因疾病或意外突然陷入經濟困境的家庭,對這些人來說,「一日三餐」不只是生活節奏,更是每天必須努力完成的生存任務。

第八章　公共與公平：吃飯這件事怎麼變成國家大事？

這讓我們不得不問：為什麼一個社會無法讓所有人至少吃得飽？

➡ 食物充足≠所有人都吃得到

從總量來看，臺灣每年進口與生產的食物其實足以餵飽所有人，但資源並沒有被妥善分配。部分家庭因經濟困難而無法取得足夠的食物；同時另一端卻存在大量剩食與浪費。

這種矛盾的根源，正是經濟學上所說的「分配性失衡」——市場機制本身擅長創造效率，但不一定能保障公平。當「吃飯」這件事只被視為市場交換，就會出現「有能力買的吃太多、買不起的吃太少」的極端現象。

➡ 用制度設計改寫飢餓邏輯

如果我們想讓「讓每個人都吃得到飯」成為一個社會目標，就需要超越市場機制的設計。

1. 最低飲食保障制度

仿效歐洲部分國家，設立「基本糧食權利」，由政府提供免費或低價的基本餐食或食材包給所有無收入者，不需繁瑣審核。

2. 社會參與型餐飲平臺

建構由政府、企業與公民共營的「社會餐廳」，以合理價格提供營養餐食，並讓一般民眾也可透過「多付一份」方式贊助他人。

3. 可攜式糧食帳戶制度

讓每位國民擁有一筆可用於購買基本食物的數位帳戶，類似數位糧票，透過智慧卡或 App 在合作通路使用，提升自主選擇權。

這些制度不單是補助設計，而是一種經濟架構上的調整，讓「基本吃飯」不再依賴慈善，而是納入公共治理體系。

⇒ 財政可行性與制度穩定性

當然，有人會問：這樣的制度要花多少錢？值得嗎？

根據經濟預估模型分析，若每人每月提供一筆約 500 元的糧食支持給全國弱勢人口（以 80 萬人估算），每年成本約 48 億元，占中央政府年度預算不到 0.2%。

而這些花費若能減少因飢餓導致的健康問題、犯罪風險與兒童學習落差，從長期來看，其「社會回報」遠高於支出本身。

因此重點不在「有沒有錢」，而在「制度是否穩定、設計是否有效、是否贏得社會支持」。

第八章　公共與公平：吃飯這件事怎麼變成國家大事？

➡ 不只吃得飽，還要吃得有尊嚴

設計「讓所有人都有飯吃」的制度時，必須納入「尊嚴經濟學」的視角。

- 是否可以自己選擇想吃的食物？
- 是否能避免被貼上「被施捨」的標籤？
- 是否能透過參與和回饋，感覺自己是這個系統的一部分？

這些問題提醒我們：真正的公共餐飲不只是提供熱食，而是重建自我價值、社會連結與生活希望的起點。

➡ 小結：讓吃飯變得簡單，是一場集體工程

當一個社會願意正視「吃飯」這件事的制度設計挑戰，不是因為我們要控制飲食，而是因為我們知道，不能讓任何人為了吃飽而每天過著焦慮與羞辱的生活。

讓所有人都有飯吃，不只是經濟資源分配的問題，更是社會信任、制度創意與集體責任的綜合測驗。

如果說「吃得飽」是人權，那麼制度，就該是這項人權最堅實的保障者。

第九章

食材的真實代價：
從產地到鍋邊的成本公式

第九章　食材的真實代價：從產地到鍋邊的成本公式

第一節
一顆滷蛋的真實成本：
你付的錢真的夠嗎？

➡ 滷蛋十元？便宜還是不合理？

你可能在早餐店、便當店甚至便利商店買過一顆滷蛋——大約十元，看似平凡又理所當然。但你是否想過：這顆滷蛋的價格，真的反映了它背後的全部成本嗎？從養雞場的飼料波動、蛋品集貨冷鏈、工廠製程耗能、人工翻滷、包裝物流、門市保鮮、店家人力，再到你手上的那一顆蛋，每一道流程都累積了實際成本與不可忽略的環境足跡。

這讓我們回到一個根本問題：市場價格等於真實成本嗎？

➡ 成本不是只有原料費

大多數人以為「一顆蛋成本就是一顆生蛋的價格」，但實際上，從原料到成品，中間牽涉眾多隱性成本：

1. 生產端成本

- 雞農需應對飼料價格波動（以進口玉米與黃豆為主，受國際行情影響極大）；

第一節　一顆滷蛋的真實成本：你付的錢真的夠嗎？

- 疫病、氣候異常（如熱浪）會影響蛋雞產量；
- 必須定期汰換雞群並維持動物福利條件。

2. 加工端成本

- 滷蛋需要高溫煮熟、冷卻、進入滷汁槽反覆浸泡，至少需 12 小時以上工時；
- 食品加工廠需投資衛生設備、環保設施與能源支出。

3. 物流與保存成本

- 需要冷藏車運送與保鮮倉儲（避免變質）；
- 小型門市需每日進貨並安排適量供應，過多即浪費，過少則斷貨。

4. 營運與人力成本

- 店員需計算出餐流程、核對品項、避免損耗；
- 滷蛋可能是附餐加購選項，需搭配定價策略運作。

當這些加總起來，一顆滷蛋的「全成本」常遠高於一般人想像的原料價。

第九章　食材的真實代價：從產地到鍋邊的成本公式

➡ 外部成本：被遺忘的環境代價

除了可量化的金錢成本，一顆滷蛋還包含了「外部性」—— 也就是消費者未支付但社會與環境必須承擔的代價。

- 飼料作物栽種造成的水資源耗用與土地壓力；
- 飼養過程的甲烷排放與氮廢物；
- 加工階段所使用的能源與排放；
- 包裝材料（如塑膠袋、紙盒）對環境的壓力。

這些成本沒有反映在你付出的十元中，但的的確確存在。當價格無法反映完整代價，經濟學稱之為「市場失靈」，也是現代食品工業所面對的重要挑戰之一。

➡ 價格戰爭與品質退化的惡性循環

為了在激烈的便當店市場中搶占價格優勢，許多業者選擇壓縮滷蛋成本 —— 使用規格蛋、簡化滷汁步驟、縮短浸泡時間、甚至使用便宜但風味差的調味劑。

這造成什麼結果？

- 顧客吃到的滷蛋越來越小顆、越來越無味；
- 滷蛋成為「價格附屬品」，而非真實料理選項；

第一節　一顆滷蛋的真實成本：你付的錢真的夠嗎？

❖ 市場集體向「低品質、低價格」傾斜，讓真正用心製作的店家反而處於劣勢。

這種價格導向的競爭模式，實質上削弱了整體食物品質，也讓消費者的味蕾變得習於廉價與單一。

➡ 滷蛋經濟學：如何看出餐飲業的定價邏輯？

事實上，滷蛋是一種極佳的「價格偵測器」。許多便當店會選擇對滷蛋小幅加價（如 12 元、15 元），用來彌補主餐定價過低的盈虧平衡點。這種「附加品獲利」策略，是行為經濟學中常見的「掩護性定價」：主產品保持吸引力，副產品用來獲利。

此外，有些高單價餐廳會將滷蛋做成招牌（如溏心蛋、柴魚蛋），其實也是在傳遞品牌價值：我們不賣便宜蛋，我們做有層次與精緻的味道。這些都是以「一顆蛋」為工具，展開的價格與價值對話。

➡ 小結：我們該如何看待「便宜的東西」？

當你下一次看到滷蛋十元時，不妨問問自己：這價格，是合理的全成本反映，還是犧牲品質與環境換來的低價幻覺？

第九章　食材的真實代價：從產地到鍋邊的成本公式

價格，不該只是商品的數字，而是整個生產鏈價值的出口。唯有認識每一顆蛋的旅程，我們才能做出更具意識、更負責任的選擇。

滷蛋的故事，其實也是整個食材價格結構的縮影——看見一顆蛋的真實代價，也是在看見整個餐桌經濟的隱藏邏輯。

第二節
食材毛利率的攻防戰：
從進貨單看出風險管理

➡ 毛利率是什麼？為何重要？

對消費者來說，餐點價格高或低是選擇的關鍵；但對餐飲業者來說，「毛利率」才是真正決定生存與否的底線。

毛利率＝（售價－食材成本）／售價

舉例來說，一份 120 元的雞腿便當，若雞腿、白飯、配菜等食材總成本為 60 元，毛利率就是 50%。這個數字代表，業者每賣出一份便當，除了食材外還有 60 元可用於人事、租金、水電與獲利。

第二節　食材毛利率的攻防戰：從進貨單看出風險管理

一旦毛利率過低，即使來客數多、營收高，業者仍可能因成本壓力而虧損。

➡ 市場波動怎麼影響毛利率？

臺灣餐飲市場高度仰賴進口原物料，從雞肉、蛋、蔬菜到調味料，價格變動頻繁。例如：

- ❖ 雞蛋價格：2022 年因飼料與禽流感雙重影響，蛋價上漲 30% 以上。
- ❖ 雞肉價格：因俄烏戰爭影響穀物飼料供應，導致全球雞價攀升。
- ❖ 蔬果價格：受氣候異常與產地災損干擾，一週內波動可達兩位數百分比。

這些變化對消費者可能只是一時感嘆「今天便當漲 5 元」，但對業者而言，則是攸關毛利穩定與營運風險的挑戰。

➡ 應對策略一：調整品項與分量

業者在面對毛利壓力時，最常見的做法是「微調菜單」。例如：

- ❖ 減少高成本食材用量（如牛肉從 150 克減為 120 克）；

- 增加低成本配菜比例（如高麗菜、豆干取代花椰菜、杏鮑菇）；
- 更換原料來源（採用冷凍雞腿取代鮮品）。

這些調整表面看似不變，但實際已是對毛利率的精密微控。

➡ 應對策略二：價格升級包裝術

若直接漲價恐流失顧客，業者會轉向「價值再塑造」策略，例如：

- 新增品項，如推出「升級版套餐」，將原本的主菜與配料重新包裝為更高價產品；
- 結合外送平臺活動，拉高平均客單價，稀釋單品毛利下降風險；
- 增添加購選項，如小菜、飲料、滷蛋，讓整體毛利結構更加穩健。

這些都是把「看似一樣的便當」，轉換成「更划算的組合」的行銷手法。

第二節　食材毛利率的攻防戰：從進貨單看出風險管理

➡ 應對策略三：與供應商建立「緩衝機制」

部分成熟業者會與上游簽訂「浮動區間契約」，在一定範圍內鎖定進貨成本。例如：

- ❖ 與蛋商協議每季調整價格上限；
- ❖ 與農民建立契作制度，保證價格與銷售量；
- ❖ 與冷鏈物流商共享庫存資訊，減少重複配送造成的費用。

這類機制有助於降低突發事件對毛利率的衝擊。

➡ 小結：毛利管理是餐飲經濟的心臟

在看似樸實的便當背後，實則藏著一場場毛利攻防戰。價格、菜色、分量與供應策略，都是一條條精密運算後的選擇。

下一次當你吃下一份便當，不妨想想：那塊滷排骨背後，其實是一張供應商報價單、三次菜單會議與數百次計算後的成果。毛利率，正是餐飲業每日營運的隱形戰場。

第九章　食材的真實代價：從產地到鍋邊的成本公式

第三節
自己做划算？還是外包更聰明？

➡ 「自製」與「採購」的經濟學選擇題

一間便當店該自己滷肉燥，還是從中央廚房採購？一間咖啡館是該手打蛋糕，還是向甜點工坊進貨？這些看似日常營運的抉擇，其實構成了「餐飲營運的策略邏輯」。

經濟學裡，這類選擇牽涉到「邊際成本」與「機會成本」的綜合考量。自己製作代表對品質掌握度高、能展現品牌差異，但也意味著時間、人力與設備的高投入；採購則代表節省勞務與流程，但可能需承擔品質變異與議價風險。

➡ 自製的優勢與壓力

- 品質掌控：可調整口味與原料，確保風味一致性，打造品牌風格（如知名滷肉飯老店「一定得自己滷」的堅持）。
- 差異化競爭：可推出獨家口味，提升顧客記憶點與回訪意願。
- 靈活應變：原物料調整、季節菜色可快速改動，不受廠商限制。

第三節　自己做划算？還是外包更聰明？

但同時也需承擔：

- 固定人力成本增加：廚房需額外配置製作人員。
- 流程管理複雜化：需要 SOP、品質監控與時間管理。
- 設備與空間投入：滷鍋、攪拌機、低溫保存設備皆需購置。

➡ 採購的誘因與風險

- 節省時間與人力：尤其對於早午餐、連鎖加盟業者，能快速統一出品品質。
- 成本預測穩定：每單位進貨價固定，便於財務規劃與成本控制。
- 標準化製程：適合大量銷售、快速週轉的經營模式。

但可能面臨：

- 品質依賴供應商：若供應商配方變動、出貨品質不穩，將連帶影響顧客體驗。
- 價格波動議價弱勢：缺乏主導權，當原料上漲時易受牽制。
- 品牌風格單一化：失去手作特色與料理個性。

第九章　食材的真實代價：從產地到鍋邊的成本公式

➡ 如何選擇？看四個關鍵變數

❖ 規模大小：單店經營者常選擇自製以展現風格；連鎖品牌則偏好採購以維持一致性。
❖ 餐點定位：強調手作與風味的店家（如私廚、小吃店）更適合自製；而標榜便利快速的外送品牌則多採購。
❖ 人力與技術結構：有穩定廚房人力、可控技術的團隊較適合自製。
❖ 設備與空間條件：若場地有限或無冷藏設備，則傾向外包。

➡ 混合模式：最常見也最實用

現實中，絕大多數餐飲業者並非全自製或全採購，而是採取「核心自製＋非核心採購」的混合模式。例如：

❖ 自製招牌滷肉，但醬菜、湯品採購；
❖ 自製主餐肉品，但副菜與甜點統一進貨。

這樣的策略能兼顧品牌風格、成本控制與營運彈性，是中小型餐飲業的實務常態。

⇒ 小結：製作與採購，是餐飲經營的分工思維

在廚房裡做與在進貨單上點，其實都是一種選擇。選擇哪一端生產，不只是廚藝問題，更是經濟管理問題。

自製與採購沒有對錯，只有合不合時機與營運邏輯。唯有掌握自身條件、成本結構與品牌需求，才能找到最適合自己的那把經營鑰匙。

第四節
契作與風險控管：
從農田開始的成本穩定術

⇒ 為什麼餐廳也要關心農田？

當你在餐廳吃下一道新鮮番茄炒蛋，你可能沒想過，這顆番茄是從哪裡來、怎麼種出來、花了多少錢買進的。但對一間穩定供應的餐飲業者來說，「這顆番茄的來源」其實關係到每天的成本控制。

在食材價格大幅波動的年代，如何掌握原物料來源與價格穩定性，已成為一種核心競爭力。而「農產契作」正是一種結合供需雙方風險管理的制度安排。

第九章　食材的真實代價：從產地到鍋邊的成本公式

➡ 什麼是契作？

農產契作是指農民與餐飲業者、加工廠或零售商簽訂合約，事先約定作物種類、生產規格、數量與價格。農民在種植前即知道自己種出來的東西有人要收，而業者則可穩定取得符合需求的原料。

這不僅是「買賣行為」的提前鎖定，更是「風險轉移」的策略合作。

➡ 契作的三重經濟好處

- 價格穩定：在合約中訂下固定價格或浮動區間，避免短期市場波動導致成本失控。
- 品質可控：規格、農藥殘留、品種都可事先協商，減少原料不符規格造成的浪費。
- 供貨穩定：在高需求季節（如端午、春節）能確保原料不缺貨、不漲價。

對農民來說，也有保底收購的保障，降低生產風險與收入不確定性。

第四節　契作與風險控管：從農田開始的成本穩定術

➡ 成功案例：小吃店與在地農戶的合作

有一間經營便當連鎖的小吃業者，與六戶當地農民合作契作高麗菜與玉米。雙方簽訂每季更新合約，依據氣候預估與市場需求訂定浮動價格區間。

這樣的安排讓店家在颱風天也能拿到新鮮蔬菜、不必用進口冷藏貨，也讓農民有穩定銷售與預算規劃。更重要的是，這樣的合作建立了雙方長期信任與在地品牌價值，消費者也更願意支持。

➡ 原物料風險的其他對策

除了契作外，餐飲業者面對原物料價格不穩，還會採用以下方式控管風險：

- 分散供應鏈：同時與兩至三家供應商合作，避免單一來源出現斷貨風險。
- 提前預購與儲備庫存：在預期漲價前先買入一定數量食材，例如年末採購冷凍雞肉。
- 替代性菜單設計：若特定蔬菜價格飆升，可快速更換為相近品項（如青花菜改為空心菜）。
- 長期合作價約：與批發商簽訂年度合作合約，議定折扣與數量保障。

第九章　食材的真實代價：從產地到鍋邊的成本公式

➡ 小結：從源頭開始控制成本，才是永續之道

經營一家餐廳，不只是在廚房煮得好，還要在食材進貨前就做好策略部署。農產契作與原物料風險控管，是餐飲經濟不可或缺的一環。

當我們看到一份穩定價格、品質如一的餐點背後，其實是業者對供應鏈穩定性的長期投資。食材不只是成本來源，更是餐廳對風險與信任的承諾。

第五節
從市場到廚房：
三種採購通路的成本解構

➡ 採購不是買便宜，而是買對結構

許多餐飲業新手在創業初期，往往會面對一個採購選擇難題：要去傳統市場進貨，還是直接找大型量販？抑或透過線上的小農平臺支持在地食材？這三種通路看似只是價格差異，但實際上牽涉到的是「採購結構」與「營運邏輯」的深層選擇。

第五節　從市場到廚房：三種採購通路的成本解構

從經濟學角度來看，食材採購不是單純的成本壓縮，更是風險管理、品質控制、時間效率與品牌價值的綜合表現。因此，理解傳統市場、小農平臺與大型量販三者的成本構造，有助於我們重新思考「最佳採購策略」。

➡ 傳統市場：彈性高但變數多

傳統市場是許多餐飲業者每天一早採買的第一站，特別是小吃店與家庭式便當業者。

優勢：

- 價格具彈性，可議價：可與攤販建立長期關係，議價空間大，遇到缺貨也能靈活變通。
- 小量採購彈性大：適合每天新鮮進貨、不需大量囤貨的經營型態。
- 當日挑選，品質即時可判斷：有能力即場檢查蔬果肉品狀況，避免批次瑕疵。

成本結構挑戰：

- 價格波動劇烈：受天氣、節令與即時供需影響大，菜價浮動難預測。
- 時間成本高：需凌晨起床採購、議價與搬運，耗費勞力與營運者精力。

第九章　食材的真實代價：從產地到鍋邊的成本公式

- ❖ 缺乏品質保證與溯源系統：食品安全與一致性風險高，對品牌形象不利。
- ❖ 現金流緊張風險高：大多數攤販以現金交易為主，不利帳務管理與成本追蹤。

對於極度重視食材新鮮與靈活應變能力的小型餐飲，傳統市場仍具有一定魅力；但若要規模化經營，會面臨效率與品質管理的瓶頸。

➡ 小農平臺：價值導向下的品質投資

小農平臺興起於近十年，強調「產地直送」、「友善耕作」與「消費者與農民直接連結」。這類平臺如「菜蟲農食」、「有心肉舖子」、「島食時代」等，逐漸成為有理念的餐飲業者首選。

優勢：

- ❖ 可預約、可規劃供應：固定合作農戶，能按週期供貨，利於菜單設計。
- ❖ 品質可控，資訊透明：強調食材來源、栽培方式與運送流程，有助建立品牌信任。
- ❖ 契作與友善耕作加值：標榜無毒、低碳或在地特色，有利於永續品牌塑造。

❖ 支持在地經濟與食物主權：餐廳形象與社會責任連結，吸引特定客群。

成本結構挑戰：

❖ 單位價格偏高：通常較大型量販高出 15%～30%，需配合高客單價商品策略。
❖ 冷鏈物流成本轉嫁：小量配送、溫控車成本高，多由餐廳承擔。
❖ 供應波動性高：颱風、豪雨等氣候災害常導致供貨中斷，須有替代方案。
❖ 需較長合作建立信任：初期需投入心力磨合生產時程與品項規格。

這類平臺適合注重品牌理念、價值溝通與具消費者教育能力的業者，例如自然食餐廳、有機便當與主打永續的咖啡館。

➡ **大型量販通路：效率取勝的標準化王國**

大型量販如全聯、家樂福、Costco，對中大型連鎖業者或中央廚房型態店家而言，是穩定與效率的保障。

優勢：

第九章　食材的真實代價：從產地到鍋邊的成本公式

- ❖ 價格穩定且具規模折扣：集中採購降低單位價格，利於成本控制。
- ❖ 配送快速、供應穩定：標準化流程與完整冷鏈系統，風險可控。
- ❖ 供應品項多元且固定：便於制定固定菜單與大量製備。
- ❖ 可簽訂長期合約與付款週期彈性：適合規模化財務操作與營運穩定。

成本結構挑戰：

- ❖ 品質難以客製化：依賴供應商規格，缺乏在地化與特色彈性。
- ❖ 單位採購量門檻高：中小業者若量體不足，難以取得批發價格。
- ❖ 無法臨時應變缺貨狀況：標準化流程下，對突發需求反應較慢。
- ❖ 市場集中風險高：高度依賴特定供應商，容易受制於上游波動。

這類通路適合穩定營運的餐飲品牌，如連鎖便當、大型公司團膳、速食連鎖等，其強項在於可量化與可預測性。

第五節　從市場到廚房：三種採購通路的成本解構

➡ 成本之外的隱形價值：形象、信任與永續性

從三種通路的比較可看出，食材採購的選擇不僅攸關價格，更是整體品牌策略與組織結構的一環。

- ❖ 傳統市場強調靈活與人際信任，但需強體力與現場判斷能力；
- ❖ 小農平臺看重價值與透明性，但需配合理念與教育力；
- ❖ 大型量販提供標準與效率，但較難與品牌風格連結。

最關鍵的是：業者是否清楚自身的客群輪廓、營運模式與核心價值。選擇合適通路，就如選擇合作夥伴，不能只看眼前成本，更要看長期效益與組織適配性。

➡ 小結：每一條進貨路線，都是經營的一環選擇

當你咬下一口便當裡的花椰菜，或許它來自凌晨的市場地攤、來自高雄小農契作田，或是全聯的大宗採購貨架──但不論它從哪裡來，背後其實都牽涉到一個老闆的成本計算、風險評估與品牌抉擇。

進貨通路沒有絕對的對與錯，只有合不合你的餐廳策略。掌握通路成本邏輯，才能讓一間店從每天的菜單，活出一條穩健的經營之路。

第九章　食材的真實代價：從產地到鍋邊的成本公式

第六節
換個食材就能省？
替代品策略的成本魔法

➡ 餐廳不是只能「漲價」，還能「換招」

當成本上升、食材缺貨，許多業者的第一反應是「要不要漲價？」但漲價不只是帳面計算，還牽涉到顧客接受度與品牌形象風險。相較之下，使用「替代品」成為更靈活、也更具創造力的成本控制手段。

替代品策略並非單純用便宜貨取代好貨，而是透過合理轉換原料組合，在不影響顧客體驗的前提下，穩定成本、維持品質，甚至激發菜單創新。從經濟學角度來看，這屬於「邊際替代」的應用 —— 用某種 CP 值更高的要素替代原有要素，讓總效用維持不變。

➡ 替代品的五種常見情境

1. 價格急升時的臨時替代

如雞蛋價格暴漲時，用豆腐、杏鮑菇或豆皮作為配菜替代。

第六節　換個食材就能省？替代品策略的成本魔法

2. 食材缺貨時的彈性變化

颱風導致葉菜類缺貨，即時以高麗菜絲或冷凍蔬菜替補。

3. 主食結構優化

以糙米、五穀飯取代白米，不僅提升健康形象，也可節省單位採購成本。

4. 風味重組的升級替代

以豆渣製漢堡排，或以大豆蛋白模擬肉質，吸引素食或永續客群。

5. 供應穩定優先的策略替代

採用加工保存良好的冷凍雞腿肉取代鮮品，降低當日進貨壓力。

這些替代策略，在成本結構的調整上效果顯著，同時也兼顧營運效率與供應彈性。

➡ 替代品不等於品質下降

許多業者擔心「換了替代品，會不會被顧客發現、抱怨？」其實關鍵不在於替代與否，而在於「怎麼換、怎麼說」。

- ❖ 食感、外觀、口味要接近：用豆皮取代雞蛋時，應注意滷製工法與調味一致。

- ❖ 視覺設計創造差異：利用擺盤與配色提升新食材吸引力。
- ❖ 故事行銷增加接受度：如「以臺南在地現作嫩豆腐取代部分蛋類食材，使用冷藏配送確保安全，既能提供植物性蛋白，也支持當地農產」，讓顧客感受價值而非被動接受替代。

有策略地替代不只降低風險，更可轉化為品牌溝通的契機。

➡ 成本結構重組的案例分析

以一家日銷 300 份便當的連鎖便當店為例，其原本每份使用一顆滷蛋作為副菜之一，當蛋價從單顆 4 元漲至 7 元，整體成本瞬間上升 900 元／日。

若該店選擇以「滷豆干 3 片」取代一顆滷蛋，單份副菜成本僅 2.5 元，且豆干保存時間長、毛利高。

此舉不僅每日可節省 1,350 元，且若搭配「健康多豆飲食」行銷主張，甚至提升顧客健康印象。

➡ 替代品策略的三大考量面

- ❖ 供應穩定性：選擇替代品前，應確認是否有穩定供應鏈支持，以免反成為風險來源。

第六節　換個食材就能省？替代品策略的成本魔法

- ❖ 營養與品牌符合度：某些客群（如健身者、素食者）對營養敏感，替代品需與品牌定位相容。
- ❖ 作業流程影響：替代食材是否需增加前處理時間？是否改變出餐速度？都需納入營運計算。

唯有在營運、品牌與客戶體驗三者之間取得平衡，替代品才能成為加分策略而非權宜之計。

➡ 替代不是退讓，是創新

事實上，許多經典菜色的誕生，正是源於替代品的運用——麻婆豆腐本為肉少人家以豆腐取代主菜的應變，義大利燉飯中常以大麥替代短米以節省成本，美式漢堡也從牛肉延伸至雞肉、魚排、植物肉，多樣化也正是來自這種「在限制中尋找替代」的智慧。

更進一步的替代策略甚至能引領潮流。例如：以甜菜根泥取代果醬、以燕麥奶取代鮮奶、以茄子泥模擬起司口感。這些做法往往創造出新菜色與新話題，拓展品牌受眾。

➡ 小結：替代，是逆風中的經營韌性

在成本飆升、原物料不穩的環境中，懂得靈活運用替代品的餐飲業者，往往能不動聲色地守住毛利與品質。

第九章　食材的真實代價：從產地到鍋邊的成本公式

　　替代品不只是「退而求其次」的選項，而是成本結構再設計、品牌再詮釋、菜單再創新的核心策略。

　　在這條成本波動不斷的餐飲路上，誰能掌握替代策略，誰就能在風浪裡穩住舵，甚至航向更新穎的料理可能。

第七節
點錯數字，倒掉一鍋湯：
預測失誤的代價

➡ 銷售預測，是餐飲業的賭局日常

　　每天備多少食材、煮多少飯、買幾顆蛋、解凍幾份牛排──這些看似瑣碎的日常決定，其實都是「銷售預測」的實踐。預測準確，就能妥善控制庫存、避免浪費、維持品質與利潤；預測失誤，就可能導致食材報廢、人力浪費、客訴與營收損失。

　　對餐飲業來說，銷售預測是一種策略、一門科學，也是一場每天重新開始的風險賽局。

第七節　點錯數字，倒掉一鍋湯：預測失誤的代價

➡ 預測失誤的四大成本面向

1. 直接浪費成本

當預測高估，備料過多導致食材過期、變質、報廢。例如預估會賣 100 份便當，實際只賣 70 份，那多出 30 份便當主菜就成了沉沒成本。

2. 缺貨與機會成本

反之，若低估預測而備料不足，就會出現餐點賣完的情況，不只流失營收，更可能讓顧客失望甚至不再回來。

3. 人力與作業錯配

備料多時需要更多人工處理，卻未必能產出對應效益，反成為隱性成本。

4. 顧客體驗折損

無論是缺貨還是品質下降（如長時間保溫導致口感變差），都會讓顧客信任與品牌形象受損。

➡ 為何銷售預測這麼難？

銷售預測看似應能靠經驗與數據解決，但實際操作中，仍會受到許多變數干擾：

第九章　食材的真實代價：從產地到鍋邊的成本公式

- ❖ 天氣變化：下雨天生意大減、颱風前備料卻因停班停課而全部報廢。
- ❖ 節日效應：中元節、父親節來客量劇增，但難準確掌握規模。
- ❖ 平臺推播與外送活動：Uber Eats 或 foodpanda 的即時行銷常導致突發訂單湧現。
- ❖ 鄰近競爭變動：附近新開一家類似餐廳，造成原有客源流失。

這些不可控因素讓銷售預測變成一場每天重新下注的賭局，而失誤代價常常以食材的形式「被倒入垃圾桶」。

➡ 一場失敗的預測

某連鎖便當店曾因農曆七夕前推行「情人雙人餐」，大量進貨雞腿與排骨。但由於當日氣候悶熱加上疫情升溫，外出用餐人數驟降，雙人餐銷售僅達預期 40%。結果有超過 80 公斤滷製肉品必須在兩天內強迫出清甚至報廢，損失超過三萬元，還造成廚房員工超時處理與負面評價。

該事件後，該店開始每日使用 POS 系統即時回報銷售、建立「天氣－訂單」對照表、設定最高備料比例，成功將報廢率由 5% 降至 2%。

第七節　點錯數字，倒掉一鍋湯：預測失誤的代價

➡ 預測失誤背後的心理偏誤

行為經濟學指出，人類在預測未來時容易陷入以下認知偏誤：

- 過度自信偏誤（Overconfidence Bias）：高估自己對市場的掌握度，低估突發狀況的影響。
- 近期效應（Recency Bias）：將前一日銷售狀況視為常態，忽略長期趨勢。
- 確認偏誤（Confirmation Bias）：只尋找支持自己判斷的資料，忽略反向訊號。

這些偏誤若未被系統化監控與修正，將造成誤判加劇與決策災難。

➡ 科學化預測的可能做法

- 建立歷史銷售資料庫：將每日銷售數字、品項、天氣、活動等資料量化記錄。
- 使用 POS 系統分析趨勢：結合庫存與銷售資料，自動提示高銷與低銷品項。
- 設定安全備料範圍：以 90%、100%、110% 為三種預測模型建立情境分析，選擇風險容忍度最高者。

第九章　食材的真實代價：從產地到鍋邊的成本公式

- ❖ 動態滾動預測：每日中午前先以早上銷售數據修正晚餐備料決策。
- ❖ 多點備料機制與共享庫存：若有多分店,可建構備料調度機制,避免個別預測失誤造成浪費。

➡ 小結：預測失誤是成本、但也可成為學習資產

在餐飲業中,準備多少、丟掉多少,其實是一種看不見的經濟帳。

每一次倒掉的食材、每一次不夠的餐點、每一次誤判的人力安排,背後都反映出一件事 —— 預測失誤的代價不只在財務報表上,更在品牌聲譽、員工壓力與經營信心中悄悄累積。

但換個角度來看,若能將失誤轉化為系統性資料,透過制度與科技工具不斷校正,我們就能把這些錯誤變成精準經營的資產。

畢竟,銷售預測沒有完美,只有更聰明的反應與更敏銳的調整。

唯有如此,我們才能從每一桶被倒掉的湯裡,找到下一次更好的經營公式。

第八節
把成本管好，也能變品牌價值：
從節流到競爭力的升級

➡ 成本管理，不只是財務問題

在多數餐飲新手眼中，「成本」是壓力的代名詞，是每天早上看進貨單時的煩惱，是晚上結帳時帳目合不合的焦慮。但隨著市場趨勢成熟，越來越多經營者開始意識到一件事：成本不只是控制支出而已，它其實可以成為競爭優勢的來源。

從經濟學角度看，成本管理是一種資源分配效率的實踐。它能讓企業在有限條件下做出最佳決策、提高邊際產出、降低浪費、優化定價邏輯，更進一步成為企業品牌價值與營運穩定的基礎。

➡ 成本管理如何創造差異化？

許多消費者以為高價才代表高品質，但事實上，一間能夠有效控管成本的店家，反而能在維持價格合理的同時，提供比競爭對手更好的品質與體驗。這種差異來自以下幾個關鍵：

第九章　食材的真實代價：從產地到鍋邊的成本公式

- ❖ 把資源用在真正有感的地方：節省食材浪費與不必要包材支出，反而能提高主食分量或使用較佳原料。
- ❖ 提升內部流程效率：縮短出餐時間、減少人力錯配，讓顧客感受「更快、更準、更專業」。
- ❖ 訂價策略更靈活：當成本結構穩定，就能推出優惠活動、搭贈品項或季節限定菜單，強化顧客黏著度。
- ❖ 擁有風險抵抗力：面對原物料價格波動，有效率的成本管理能讓店家「撐得住」，不需常常漲價或改菜單，提升顧客信任。

➡ 成本透明化，提升內部協作效率

許多連鎖品牌近年導入「成本透明管理制度」，即讓廚房員工、採購人員與外場都能看到各項品項的成本分布與毛利結構。

此制度的好處在於：

- ❖ 廚房能更理解為何「某道菜不能加那麼多蝦仁」，不是苛刻，而是整體毛利不平衡。
- ❖ 外場能說明特定品項的推薦邏輯，例如：「今天這道青醬筆管麵是我們用當季九層塔打的醬，也是低耗損菜色，非常推薦喔！」

第八節　把成本管好，也能變品牌價值：從節流到競爭力的升級

❖ 採購能掌握進貨價格變化，及早尋找替代供應商或改變品項組合。

當所有人都理解「每道菜怎麼賺、怎麼虧」，內部協作就從「照流程走」進化為「共同經營者」。

➡ 品牌如何講出「成本控制」的故事？

節省成本聽起來總是偏「務實」、缺乏浪漫，但若能包裝成「品牌哲學」，也能轉化為獨特記憶點。例如：

❖ 米食文化專賣店：強調「我們不用貴肉，但用臺灣二期稻米，吃得飽也吃得安心」。
❖ 自然餐桌品牌：主打「我們選用當季蔬菜，不囤貨、不浪費」。
❖ 低碳咖啡館：強調「我們採用在地食材，省下運輸成本，也讓地球喘口氣」。

這些看似「省錢」的作法，其實是在價值上做「加法」，吸引認同同樣理念的消費者。

➡ 從數據中長出經營智慧

善用數據是現代成本管理的重要手段。

第九章　食材的真實代價：從產地到鍋邊的成本公式

- ❖ 食材單位成本分析：知道每份雞腿飯裡雞腿、飯、配菜各自占了多少成本，才能做出調整空間。
- ❖ 耗損統計表：定期分析每天丟掉的品項與數量，找出最常浪費的關鍵來源。
- ❖ 品項毛利分布圖：用數據區分「高毛利熱銷品」、「低毛利冷門品」、「高耗損必推品」，對症下藥。
- ❖ 時間與人力成本盤點：哪些料理耗時最多？是否值得？能否轉化為半成品或採購？

這些分析可結合 POS 系統、Google 試算表或專業 ERP 系統進行，每月檢視一次，就能避免直覺決策。

➡ ### 小結：
把成本管好，
也能成為餐飲美學的一部分

在現代餐飲業，節流早已不是「小氣」的代名詞，而是「會過日子」、「懂得永續」的象徵。

一間懂得控成本的店，不只活得久，還能活得精準、活得有態度。它能在看不見的地方做對選擇，在食材、定價、人力、時間與品牌價值之間建立起一條清晰且堅實的邏輯。

真正的競爭力，不是比誰花得多，而是比誰花得剛剛

第八節　把成本管好，也能變品牌價值：從節流到競爭力的升級

好。成本控制，不只是帳面上的技術，而是經營者對「資源」這件事的理解深度與價值表現。

當一間店能夠把每一塊錢都花在刀口上，也就更有可能，在競爭最激烈的餐飲市場中，站穩自己的位置。

第九章 食材的真實代價：從產地到鍋邊的成本公式

第十章

食安風暴與信任經濟：
吃得安全誰說了算？

第十章　食安風暴與信任經濟：吃得安全誰說了算？

第一節
食品安全的經濟後果：
不只是醫療費

➡ 食安問題不是新聞，而是長期成本負債

在新聞中，我們時常看到食安事件的報導：某品牌飲料檢出防腐劑超標、某便當店使用過期食材、甚至連孩童營養午餐也爆出黑心原料。這些事件在第一時間或許引起憤怒與恐慌，但更深層的經濟問題，往往被忽略了。

食品安全不只是醫療風險問題，更是牽動整個經濟體系的信任機制與隱性成本結構。當消費者不再信任市場販售的食品，產生的是長遠的信任危機、品牌崩解、制度瓦解與社會資源的大量耗損。

➡ 一場食安事件的連鎖成本效應

以某年臺灣爆發的黑心油事件為例，從一瓶含有工業用油的調和油開始，牽連數百家食品業者與下游廠商，影響的不是單一品牌，而是整體產業的聲譽與市場信任。

第一節　食品安全的經濟後果：不只是醫療費

從經濟學角度來看，一場食安事件可能導致下列經濟成本：

❖ 直接醫療支出：受害者就醫費用、檢查費、後續營養補充等。
❖ 產業鏈重組成本：上游油品廠商停業整頓、下游食品業者更換供應鏈與重新包裝。
❖ 消費者轉向他牌的轉移成本：顧客改變購買習慣，品牌需重新爭取消費者信任。
❖ 政府稽查與補救費用：檢驗人力擴增、政策修法與媒體溝通支出。
❖ 出口市場受阻與國際信譽受損：產品遭退貨、禁售，影響外銷收益與國際市場評價。

➡ **食安陰影下的消費者行為變化**

消費者面對食安風暴，常出現以下行為轉變：

❖ 選擇「過去信任過的品牌」而非最便宜選項，價格敏感度下降；
❖ 偏好包裝透明、有完整標示、可追溯產地的產品；
❖ 轉向社群信任圈，如媽媽社團推薦、社群口碑店家、熟識餐廳等非主流評價機制；
❖ 減少外食、增加自行購買原料烹煮的比例。

第十章　食安風暴與信任經濟：吃得安全誰說了算？

這些改變短期內看似合理，但長期將造成市場極端化：信任高的品牌壟斷市場，小品牌難以突圍；中小型餐飲若無明確信任憑證，將逐漸被邊緣化。

➡ 信任重建成本：最難回本的投資

當品牌聲譽受損，單靠降價、促銷已難以挽回顧客信任。重建信任需靠長期制度、誠信紀錄、公開透明。

以某連鎖早餐品牌在蛋品誤標風波後的處理為例，他們採取以下作法：

- ❖ 主動發布每日進貨來源與驗收紀錄；
- ❖ 設立「消費者見證日」，邀請民眾參與食材驗證；
- ❖ 和第三方檢驗機構合作，每月公布檢驗報告。

這些措施短期內需投入大量人力與成本，但在三個月內有效降低負評、回穩銷售，顯示誠實制度與資訊透明是信任回復的核心資產。

➡ 小結：食安不是衛生局的事，是全民經濟議題

食品安全不只發生在工廠、廚房或法規條文之中，而是滲透於整個消費市場、企業制度與經濟信任當中。

每一場食安風暴的背後,其實都伴隨著消費者信任的流失與整體市場效率的崩壞。只有當我們將「吃得安全」視為經濟設計的一部分,並從源頭、制度、科技、文化多方面建構防線,才能真正讓餐桌上的每一口,都不只是飽,更是安心。

信任,是最難賺來、卻最容易失去的成本。而建立食品安全,就是為這份信任打下最堅實的底。

第二節
黑心油與制度崩壞的激勵根源

➡ 為什麼會出現黑心油？
經濟學的回答是誘因錯置

面對黑心油事件,許多人直覺會將責任歸咎於「企業貪婪」、「人性敗壞」,但從經濟學的視角,我們更應該問的是:「制度如何讓不誠實成為更划算的選項?」

在一個完善的市場制度中,不法行為應該成本高、風險大、報酬小;而誠實守法的經營,應該能獲得市場獎勵與消費者信任。然而當黑心油不只能存活,甚至可以累積巨大利

第十章　食安風暴與信任經濟：吃得安全誰說了算？

潤並多年不被發現，問題就不單是個人道德，而是制度激勵結構出了問題。

➡ 黑心油為什麼能賣？從成本結構看出端倪

黑心油業者之所以選擇工業用油混入食用油，是因為成本差異巨大。例如每公斤合格食用油成本約為 50 元，而某些工業廢油僅需 5 元，甚至是由他人付費回收而來。這代表只要混入 10％，就能降低近 10％ 的總成本；若混入比例高達 50％ 以上，毛利空間可擴張數倍。

這樣的經濟利益非常可觀，若加上查驗制度鬆散、罰則不重、資訊不透明，整體誘因就傾向於「作弊比誠實更划算」。

➡ 制度缺口之一：資訊不對稱

消費者無法僅憑外觀、味道辨別油品品質，資訊極度不對稱，無法有效監督與懲罰不法廠商。此時市場的「選擇」並不理性，而是盲目或依賴信任傳言，為劣幣驅逐良幣創造空間。

若消費者對所有油品皆無信任基礎，反而會傾向購買價格最低者，間接強化黑心產品的競爭力。

➡ 制度缺口之二：查核能力不足

食品工廠眾多，主管機關人力有限，常常是「一年抽查一次」的頻率，這等於給了不法業者「364天自由操作空間」。

即使事後發現違法，多數罰則金額偏低（如數萬元等級），對於獲利數千萬甚至上億元的黑心行為來說，根本不痛不癢。

➡ 制度缺口之三：責任切割與分散化

黑心油往往經過多層轉包、稀釋與包裝，最終到達餐桌時，負責任者已層層斷裂。例如：回收油商賣給原料加工廠，再轉手給油品製造商，接著送到通路，最後進入消費者手中。

每一環節都可主張「不知情」或「上游出問題」，讓整個制度無法建立有效追責鏈，形成制度真空。

➡ 激勵重構：如何讓誠實更有利？

真正能夠防止黑心油的制度，關鍵不在於道德呼籲，而是讓誠實成為更好的經濟選擇。

1. 提高風險成本

將查驗制度數位化、隨機抽查機率提升、懲處額度對齊不法利潤規模，讓違規的「期望損失」超過其潛在利得。

2. 縮小資訊落差

強化產品標示與公開資訊,例如建置油品產地與製程可追溯系統,讓消費者能選擇有資訊保障的商品。

3. 市場獎勵誠實者

政府與平臺應推出誠信企業認證標章、優先採購、稅賦減免等正向激勵,讓好廠商不需打價格戰也能生存。

4. 加強消費者集體行動力

支持揭弊獎金制度、成立食安檢舉平臺、推動消費者訴訟機制,讓民間力量與公部門形成聯防。

➡ 小結:
當「犯規」比「守規」划算,制度就已敗壞

黑心油事件並不是個別廠商的道德失敗,而是制度在激勵上失衡的結果。當法律無法讓壞行為付出代價,當市場無法讓好行為獲得回報,整個產業就會淪為投機者的天堂。

只有當我們重構制度誘因,讓誠信更可獲利、不法更付代價,食安的防線才不會被輕易突破。

這是一場制度的修復工程,而不只是對黑心廠商的道德審判。

第三節
餐飲業的風險管理與品管制度

➡ 食安不是運氣，是制度產出的結果

當餐飲品牌成為日常生活的一部分，風險管理就不再是選項，而是必修課。食材來源的安全、廚房流程的衛生、員工訓練的標準、供應鏈的穩定，這些看似幕後的運作，決定了餐桌上的每一口是否安心。

而一旦出錯，無論是食物中毒、異物夾雜、標示錯誤、冷藏失效，每一起風險事件都可能導致品牌毀滅性打擊。唯有將風險制度化、品質常態化，餐飲業者才能從「碰運氣沒出事」進化為「系統設計防止出事」。

➡ 餐飲風險的四大類型

餐飲風險不只是食材問題，而是涵蓋整體營運的多重層次：

❖ 食材安全風險：原料變質、進貨來源不明、農藥殘留、添加物超標。

第十章　食安風暴與信任經濟：吃得安全誰說了算？

- ❖ 製程風險：交叉汙染、烹調溫度不當、清洗不徹底、保存溫控失效。
- ❖ 人員風險：員工衛生習慣差、教育訓練不足、情緒管理失控（如口角、失言）。
- ❖ 管理風險：流程混亂、SOP 缺失、品管標準未落實、資訊紀錄未建檔。

這些風險一旦未被及早發現與預防，往往在消費者抱怨、媒體爆出、主管機關查核後，才發現為時已晚。

➡ 品管制度的三道防線

1. 原料驗收制度

- ❖ 每日採購品項需設有固定檢查項目（如蔬果有無發霉、肉品溫度紀錄）；
- ❖ 配合農產、蛋品、肉類驗證履歷或合格供應商清單；
- ❖ 建立驗收登錄表單，若發現異常可即時退貨並更換供應商。

2. 製程 SOP 與衛生控管

- ❖ 建立詳細的操作流程書，例如「雞腿從解凍至烹調不得超過 60 分鐘」等時間控管條款；

第三節　餐飲業的風險管理與品管制度

- 落實每日廚房環境巡檢、交叉汙染熱區標示、刀具分區管理；
- 提供員工每季衛生再訓練與感官測試，確保作業水準一致。

3. 危機通報與紀錄管理

- 建立異常通報流程，若消費者反映異味、腹瀉，應於 24 小時內啟動調查機制；
- 每一批原料、每一道餐點需有出貨紀錄，可供查核與回溯；
- 若發生重大事件，應啟動品牌聲明、公關回應與產品回收程序。

➡ 案例分析：從衛生破口到品牌轉型

某火鍋連鎖品牌爆出「蟑螂事件」，顧客在火鍋湯底中發現完整蟑螂體，事件於社群平臺擴散後，導致單日退訂上百桌、媒體連續報導三日。

該品牌緊急成立內部風險控管小組，並於三個月內推行下列措施：

- 全面導入 ISO 22000 食安管理系統，聘請外部專家進駐稽核；

第十章　食安風暴與信任經濟：吃得安全誰說了算？

- 店內廚房裝設 360 度監視鏡頭，並以每週滾動式查核回傳總部；
- 與消費者公開簽署「安心鍋物宣言」，進行原料透明揭露。

事件一年後，該品牌不但成功恢復營收，還成為 HACCP 與 CAS 雙認證的火鍋連鎖系統。這證明品管與風險管理並非成本，而是長期競爭力的投資。

➡ 品質文化如何內化為制度？

有效的品管制度不應只存在於「主管看到的那一刻」，而應內化為每一位員工的日常習慣。

這需要從以下幾點著手：

- 建立清楚的品質語言：如「這批豬肉溫度超過 5°C 就不能收貨」等具體標準，而非模糊印象。
- 將品質責任模組化：明確哪些職位負責哪些風險環節，例如早班收貨員需每日拍照記錄並回傳報告。
- 獎懲結合制度化：若月報中衛生抽查無缺失則全員獎勵，反之則記點與內部教育訓練重啟。
- 公開透明的數據儀表板：讓每間分店能看到自己在「顧客滿意度」、「品管合格率」中的排名，激發內部良性競爭。

➡ 小結：風險管理不是成本，而是品牌保險

在一個資訊快速流通、顧客標準日益提升的時代，餐飲風險管理與品管制度已不只是合規手段，而是品牌價值的核心工程。

把制度做到位，不是為了應付主管機關查核，而是為了讓每一位消費者、每一份餐點、每一次用餐經驗都能成為品牌的長期資產。

風險不可避免，但制度可以減損；事故可能發生，但準備能降低衝擊。

一間能管理好風險的店，才能真正吃下顧客對「安全」的信任。

第四節
從原料驗證到區塊鏈追溯的技術演進

➡ 為什麼你買的食材值得被追蹤？

在食品安全問題層出不窮的今日，消費者不只在意餐點好不好吃，更在意「這個東西從哪裡來、經過了什麼處理、

現在還安不安全」。這樣的疑問正反映了食品供應鏈對「可追溯性」的高度需求。

而隨著科技演進，從最早的人工標籤、條碼掃描，到現在結合資料雲端與區塊鏈技術，原料驗證系統已進入全新的數位時代。這不僅是讓消費者吃得安心，也是讓餐飲業者更好控管風險、強化品牌信任的核心工具。

➡ 傳統驗證的限制：資料斷鏈與信任落差

過去的原料驗證多仰賴紙本資料與人工登錄，例如供應商開立的「產地證明」、農產品「農藥殘留檢驗報告」等。雖然形式上合法，但存在許多問題：

- ❖ 資料斷層：從產地到中央廚房再到門市，中間多次轉手，資料難以連貫。
- ❖ 難以即時更新：遇到食安事件時，難以迅速回溯是哪一批出問題。
- ❖ 偽造與信任問題：紙本資料容易仿冒，尤其當標示利潤與信譽有關時，更可能出現造假風險。

這導致許多品牌即使盡力維護品質，卻難以獲得消費者「實質的信任」。

第四節　從原料驗證到區塊鏈追溯的技術演進

➡ 進化一：數位化履歷系統

第一波革新來自政府與民間攜手推動的「食品追溯履歷系統」。例如：

- ❖ 農產品溯源資訊平臺：整合農藥檢驗結果、栽培紀錄與產地標示等公開資料，提升消費信任。
- ❖ 中央廚房管理系統：每批食材的進貨時間、儲存溫度與配送紀錄皆實現數位化管理。

透過雲端平臺，餐飲品牌能統一管理食材來源，並提供消費者掃碼查詢，例如便當外包裝上的「可追溯碼」，強化資訊透明與食安信任。

➡ 進化二：區塊鏈技術導入

區塊鏈的最大特性在於「不可竄改」與「多點同步」，使每一筆資料都能被透明驗證且無法事後修補。

在食品產業應用上，具體方式包括：

- ❖ 每批原料在農場、加工、運輸、入庫、烹調等階段都留下數位紀錄；
- ❖ 消費者只需掃描 QR Code，即可看到這塊肉的來源、通過的檢驗紀錄、何時何地處理；

第十章　食安風暴與信任經濟：吃得安全誰說了算？

❖ 若發生異常批次事件，可用 10 秒內追蹤到影響區域並立即下架處理。

以 IBM Food Trust 為例，與沃爾瑪、雀巢等企業合作，將供應鏈資料全部上鏈，讓每一位顧客與管理者都能掌握真實數據。

➡ 餐飲業者如何應用這些技術？

1. 建立內部食品溯源系統

即使不採區塊鏈，也可使用雲端系統整合進貨紀錄與供應商資訊。

2. 選擇具驗證制度的供應商

與通過 CAS、有機、HACCP 等認證之原料廠合作，並要求數據化紀錄共用。

3. 結合行銷溝通

透過店內海報、網站、點餐頁面等，向顧客展示「從產地到餐桌」的旅程，強化信任與價值感。

4. 應對危機的快速機制

當消費者有疑慮時，能在第一時間調出進貨與處理紀錄，大幅降低事件擴散風險。

第四節　從原料驗證到區塊鏈追溯的技術演進

➡ 案例：在地品牌的區塊鏈實驗

一間知名雞肉飯品牌與科技公司合作，推出「雞肉溯源區塊鏈餐盒」。每份雞肉飯包裝上都印有一組 QR Code，掃描後可看到該隻雞的出生農場、飼養天數、屠宰場位置、冷鏈配送紀錄。

雖然初期成本較高，但該店在半年內獲得大量媒體報導與消費者口碑，來客數提升 18％，並吸引外送平臺合作擴大曝光。這顯示「資訊透明」不只是風險管理工具，更是行銷的價值主張。

➡ 小結：透明化是食安信任的起點

從原料驗證到區塊鏈追溯，這條技術演進的路線，不只是餐飲業者的內控升級，更是顧客信任的重建工程。

在資訊充斥卻信任稀缺的時代，唯有透過制度設計與技術應用，才能讓「安全」不再只是口號，而是每一筆資料、每一口飯背後的實證。

吃進去的食物，也代表我們對制度的信賴程度 —— 當食安風暴一波波襲來，誰能用科技建立信任，誰就能在市場中活得更久、更穩、更有價值。

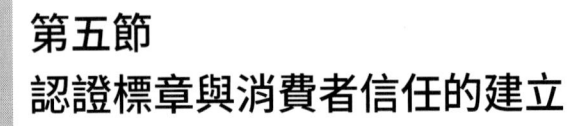

第十章 食安風暴與信任經濟：吃得安全誰說了算？

第五節
認證標章與消費者信任的建立

➡ 為何一張標章能讓你安心掏錢？

走進超市或點開外送 App，你會看到商品上標示「CAS」、「HACCP」、「有機認證」、「公平貿易」等各式標章。這些標章看似小小一枚，卻可能影響消費者的購買選擇、品牌形象，甚至決定商品能否進入某些市場。

從經濟學觀點來看，認證標章是解決「資訊不對稱」的制度工具 —— 當消費者無法直接評估產品品質時，就會仰賴外部機構提供的信任保證。若標章背後具備公信力與嚴格標準，就能提升商品在市場中的競爭力，也讓品牌獲得額外的信任溢價。

➡ 標章的經濟功能：替代資訊與降低不確定性

消費者每天面對數百種商品選擇，不可能逐一驗證其原料、製程或生產者背景。在此情境下，認證標章發揮三大功能：

- 降低資訊搜尋成本：消費者不需做研究，只要看到標章，就能推論其品質水準。
- 提供第三方保證：透過政府或民間認證機構背書，讓消費者信任來源明確。
- 內部激勵機制：獲得標章需達成一定品質與流程標準，能驅動業者自我要求。

這樣的制度設計，讓誠實經營者不必陷入價格競爭，也能透過「信任附加值」創造利潤空間。

臺灣主要食安標章與其意涵

1. CAS（Certified Agricultural Standards）臺灣優良農產品標章

- 由農業部頒發，強調國產、符合衛生與品質標準；
- 需通過工廠審查、產品抽驗與持續追蹤。

2. HACCP（Hazard Analysis and Critical Control Points）危害分析與重要管制點

- 國際認可的食品安全管理系統；
- 適用於整體製程控管，如中央廚房、量販通路、大型餐飲集團。

第十章　食安風暴與信任經濟：吃得安全誰說了算？

3. 有機農產品認證

- 需經過轉型期、無化學農藥與化肥栽培；
- 臺灣目前認可的認證單位包括慈心、有機驗證中心等。

4. 清真認證（Halal）

- 適用於穆斯林市場；
- 需符合教法規範，涵蓋宰殺、處理、儲存等程序。

5. 公平貿易（Fair Trade）標章

- 強調在地農民合理收入、無剝削勞動、永續栽培；
- 多見於咖啡、可可、茶葉等進口農產。

這些標章不只各有專業標準，也象徵品牌選擇走向透明、負責與價值主張。

➡ 標章與市場溢價的真實連動

消費者真的會因為標章而願意多付錢嗎？根據 2022 年某大型連鎖超市內部報告指出，標有「CAS」的肉品，其平均單價比非認證商品高出 15%，但銷售成長率卻穩定高於同期均值。

第五節　認證標章與消費者信任的建立

另有餐飲品牌將旗下米飯品項全面升級為「有機米飯」，雖單碗成本提高 1.8 元，但換得消費者在點餐時明確表達「感覺比較健康、比較安心」，其來客回流率在半年內提升 12%。

這顯示標章不只是符號，而是影響消費心理與品牌資產的重要槓桿。

➡ 假標章與信任反噬風險

然而，當市場充滿標章，部分業者也開始製造「自創認證」、「視覺類似但無效力」的標示混淆消費者。

這可能造成幾項負面後果：

- 破壞真正認證的信任價值：當消費者發現標章可能造假，就會一併懷疑所有類似認證，導致信任崩壞。
- 對守法者造成不公平競爭：真正取得認證需投入時間與金錢，假標章者卻無需負擔。
- 政府信譽受損：若主管機關查緝不力，將被視為失職，影響整體政策效力。

因此，標章制度的推行必須同時具備三大支撐：標準清晰、查核嚴謹、法律強制。

第十章 食安風暴與信任經濟：吃得安全誰說了算？

→ 小結：標章，是信任經濟的起點，也是防線

認證標章如同食品市場上的「通行證」，不僅提供信任，更是一種制度化的市場規範與品質篩選。

唯有當這些標章真正落實背後的價值與標準，消費者才能依此做出合理選擇、業者才能憑誠信取得市場空間、政府也才能建立起可長可久的監管制度。

信任，不是靠廣告說服，而是靠制度支撐。而一枚小小標章，背後是整個食安體系的厚實地基。

第六節
食安風險如何轉化為市場危機？

→ 從廚房瑕疵到品牌崩盤：
風險是怎麼一步步擴大的？

食品安全事件往往從一個微不足道的瑕疵開始，可能是一塊過期的肉、一批未妥善冷藏的魚，或一張錯誤的成分標籤。但若處理不當，這個小問題就可能變成媒體焦點、市場信心潰散，甚至引發企業營運危機，演變成全面性的市場危機。

第六節　食安風險如何轉化為市場危機？

食安風險之所以能迅速擴大為市場危機，關鍵不在「出錯本身」，而在於「風險傳播機制」與「信任體系脆弱」的結合。

➡ 市場危機的三個擴散階段

1. 資訊爆發期

事件發生後，若缺乏第一時間透明說明與停損機制，媒體與社群會將焦點集中在最負面內容。

2. 信任崩潰期

消費者不僅對出事商品失去信任，更會延伸到整個品牌，甚至整個產業（如「便當都不可信」、「油品都不能買」）。

3. 競爭再洗牌期

事件延燒期間，市場上的其他品牌將搶食原有市占，若出事者無法迅速重建信任，即將被邊緣化。

➡ 案例觀察：從蛋品錯標到全臺信任危機

2023 年，臺灣爆發蛋品標示風波，某連鎖早餐品牌因誤標蛋品產地為國產，實則為進口來源，引起廣泛爭議。雖然未違反食品安全標準，但因品牌標榜使用在地雞蛋，違反了顧客心理預期與情感信任，導致：

第十章　食安風暴與信任經濟：吃得安全誰說了算？

- ❖ 單週內會員退訂量破萬筆；
- ❖ 社群網路負評量暴增十倍以上；
- ❖ 其他早餐品牌同步受波及，消費者普遍質疑「到底有沒有標示真的？」

此案例顯示：食安風險不只是有無毒物殘留的問題，更是關於「信任違約」的心理風險。

➡ 媒體與社群如何加速風險擴散？

- ❖ 過度簡化敘事：複雜的檢驗報告與產地履歷，難以在新聞中解釋清楚，反而被簡化為「品牌騙人」。
- ❖ 共鳴式傳播：社群平臺上，消費者的「親身經驗分享」往往比事實更具傳播力。
- ❖ 延伸性批判：一旦一項產品出問題，其他類似商品也會遭殃，導致產業信任雪崩。

因此，即便事件源頭是技術性失誤，若缺乏妥善應對機制，仍可能引發信任風暴。

➡ 食安風險如何打擊整體市場？

- ❖ 消費信心動搖：消費者從原本的「熟悉品牌偏好」退回到「最小風險選擇」，轉向原型食物、少吃外食。

第六節　食安風險如何轉化為市場危機？

❖ 產業形象蒙塵：一個品牌出事，連帶打擊整體供應鏈形象，讓守法廠商也被懷疑。
❖ 監管壓力上升：政府機關為止血，可能推出緊急稽查、法令調整，進一步壓縮中小型業者生存空間。

例如 2014 年臺灣爆發多起食用油事件後，油品市場連續三年產值下滑，並導致眾多中小型油商退出市場，至今仍未全面回復元氣。

➡ 如何預防風險擴大為危機？

1. 預設風險情境，設計應變腳本

企業應建立風險情境模擬系統，例如「進貨品項檢出異常時 24 小時內應對流程」、「負評爆量時發言順序」等。

2. 建立即時溝通系統

媒體、顧客與主管機關在事件初期需要即時訊息說明與數據資料，不能等媒體揭露才回應。

3. 與第三方機構合作

若能與檢驗單位、學者或公信力團體建立合作，在危機時能迅速取得支持背書。

4. 誠實說明、明確止損

面對消費者，與其試圖掩蓋，不如直接說明錯誤並公布改善時程。

➡ 小結：風險永遠存在，但危機可以被預防

在食安風險管理中，最重要的能力不是「永遠不出事」，而是「一旦出事，如何不讓它變成危機」。

一個制度健全、資訊透明的品牌，即便偶有瑕疵，也能贏得理解與支持；而一個總想用包裝掩飾的品牌，即使曾有好口碑，也可能在一夜之間崩盤。

風險是餐飲業的現實，但制度是抵擋危機的盾牌。唯有做好準備，才能在市場風暴中站得住腳。

第七節
政府角色與民間自律的監理平衡

➡ 食安監理不能只有「抓」：政府與民間如何分工？

當食品安全事件層出不窮,民眾常有一種直覺反應:「政府在哪裡?為什麼沒有好好查?」但真實情況往往更複雜。單靠政府公權力,很難覆蓋從田間到餐桌、從工廠到外送平臺的每一個環節。因此,一個健康的食安體系,需要政府與業者、消費者、媒體等多元主體的「共同治理」——這也就是所謂的「監理平衡」。

政府的角色是提供制度框架與執法底線,而業者的責任是建立內部制度與主動自律。兩者相輔相成,才能創造穩定、公平又可預測的食品市場。

➡ 政府該做什麼?三大核心功能

1. 制定標準與制度設計

- ❖ 訂定食安法規、檢驗指標、添加物限量、保存條件等;
- ❖ 推動履歷制度、標章認證、公費檢驗等鼓勵措施。

2. 執行監管與查核稽查

- 包括抽驗、市場巡查、違規裁罰、下架命令等行政作為；
- 特別針對高風險品類（油品、蛋品、即食餐盒）提升抽驗頻率。

3. 資訊透明與風險溝通

- 即時公布違規品項、建立黑名單、提供標準化查詢平臺；
- 面對重大事件時，應主動召開記者會、說明檢驗流程與進度。

➡ 業者不能只等被查：民間自律制度的興起

面對越來越多消費者要求「吃得安心」，企業若仍被動等待政府查核，只會落後市場趨勢。愈來愈多品牌開始主動建構以下制度：

- 內部 HACCP 制度建構：即便法規未強制，也願意導入製程風險分析與關鍵點監控。
- 供應商評鑑制度：自行建立供應商分級標準，不與無檢驗報告、不定期稽查的業者合作。
- 消費者透明溝通平臺：推出「食材日誌」、「來料公告」、「顧客反應處理流程圖」等機制。

例如某連鎖壽司品牌即設有「食材履歷牆」，每家分店每日張貼當日魚貨進口來源、檢驗紀錄、合格編號，讓消費者「看得見的安心」。

➡ 合作式監理：不是對立，而是互信基礎

在歐洲、日本等國家，「合作式監理」（Co-regulation）已成食安管理主流模式。其精神為：

- ❖ 政府訂定最低要求，業界建立更高標準；
- ❖ 民間組織（如產業公會）負責自律監督，並與主管機關定期交換數據；
- ❖ 主管機關針對違規案件進行重罰，但對自律完善者給予稽查減免與表揚。

這樣的制度讓政府資源可集中於高風險項目，而業界則有空間提升競爭力與信任度。

➡ 臺灣挑戰：資源不對稱與制度斷層

儘管臺灣法規不斷完善，但仍面臨幾項困難：

- ❖ 稽查人力嚴重不足：食藥署與地方衛生局人力有限，難以頻繁查核上萬家中小型業者。

第十章　食安風暴與信任經濟：吃得安全誰說了算？

❖ 法規與科技脫節：區塊鏈、雲端監控等新興技術尚未納入正式認證與抽查機制。
❖ 消費者法律意識薄弱：雖然消保法提供申訴與集體訴訟機制，但實務上啟動率仍偏低。

因此，政府與民間之間的資訊交換、教育推廣與資料共享制度，有待進一步強化。

➡ 小結：
好制度不是「全靠政府」，而是「一起來做」

食品安全不是單一機關能全包的議題，也不是光靠裁罰就能建立信任的領域。

政府應提供制度、監督與信任基礎，但真正的安全，要來自業者的誠信、消費者的意識、媒體的監督、技術的運用，以及一套鼓勵「做對事」的監理環境。

當監理不只是壓力，而是激勵 —— 當民間的自律能被信任與獎勵 —— 我們才能擁有一個真正「穩定、有競爭力、又安全」的食品經濟。

這正是信任經濟的核心精神：把制度做成人人願意參與的行為習慣。

第八節
信任是最難重建的成本：
消費者的最後防線

➡ 當信任崩塌後，誰還會再回來？

在餐飲市場裡，價格可以調整、品質可以改善，流程可以優化，唯獨「信任」一旦失去，重建的代價極高，且未必能恢復原貌。對多數消費者而言，選擇一間餐廳或品牌背後的真正依據，不只是味道與價格，而是一種「默默建立的信任感」。這份信任可能來自品牌經營年限、親友推薦、媒體報導、標章認證，甚至只是一次良好的用餐經驗。

但也正因如此，任何一次食安事件、標示造假、處理失當的負評風波，都可能瞬間摧毀這座無形的信任金庫。

➡ 為什麼信任這麼容易崩毀？

1. 風險對象難以預測

食物進入口中，是最直接與個人體驗結合的商品，一旦出事，傷害的是身體與情感，容易引發強烈反應。

2. 資訊流動加劇放大效應

現代社群媒體讓事件在幾小時內即擴散全網,即便是誤會或輕微錯誤,也可能被認定為「重大隱瞞」。

3. 消費者記憶偏誤與標籤化

心理學研究指出,人類對負面事件的記憶更深刻。一旦某品牌被貼上「不安全」標籤,即使後續改善,仍難擺脫陰影。

➡ 重建信任的五大挑戰

1. 透明不足

消費者往往更願意原諒「願意坦承錯誤」的品牌,卻無法接受「裝沒事」的態度。

2. 誠意不足

單靠道歉聲明與促銷補償,無法彌補失去的信任;必須提出具體作為與長期改善承諾。

3. 修復週期長

研究顯示,品牌失信後重建消費者回流需耗費 6 個月至 2 年不等,且回流率平均僅有原來的 60%。

第八節　信任是最難重建的成本：消費者的最後防線

4. 品牌聲量反噬

知名品牌因曝光度高，犯錯後的負評擴散效應更強，重建之路更艱難。

5. 市場競爭壓力加劇

當原客源流失時，競爭品牌趁勢進場，會進一步稀釋恢復速度。

➡ 消費者的防衛心理與行為改變

經歷過重大食安事件的消費者，通常會產生「防衛性選擇行為」，例如：

- 從品牌餐廳轉向小農市集、熟人供應或社群推薦店家；
- 加強檢查食品標示、產地資訊與保存期限；
- 減少外食頻率，增加自煮比例；
- 轉向平臺上有標章、透明供應鏈商品。

這些改變會形成新的市場結構 —— 信任成為商品的一部分，甚至高於味道與價格的重要性。

第十章　食安風暴與信任經濟：吃得安全誰說了算？

➡ 如何強化「最後防線」？

對政府與企業而言，應正視消費者信任的經濟價值，並設法在制度上建立「可驗證、可回應、可參與」的結構：

- 可驗證：提供可溯源系統、食品履歷、第三方檢驗報告，讓消費者有查證的工具。
- 可回應：設立客服與危機溝通窗口，能在事件初期即提供清楚、同理與具體處置方式。
- 可參與：讓消費者能參與如「開放日」、「消費者委員會」、「產品測試者計畫」，建立共同監督感。

➡ 小結：信任不是贏在一次，而是守在每一次

信任是一筆無形資本，需要用時間累積、用誠實灌溉，也要在風暴來臨時，靠制度撐住底線。

消費者的信任，是最難賺到也最容易失去的資產。一旦失守，所付出的修復成本往往遠高於當初的節省；而唯有真正重視這筆資本的品牌與制度，才能長久立足於市場與人心之中。

這就是信任經濟最深層的現實——它不是靠行銷得來，而是靠行為維繫的最後一道防線。

第八節　信任是最難重建的成本：消費者的最後防線

國家圖書館出版品預行編目資料

從早餐到晚餐，經濟學藏在你的每一餐：三餐之中藏著制度！從吃，看見經濟邏輯 / 許澤暉 著. -- 第一版 . -- 臺北市：樂律文化事業有限公司, 2025.08
面； 公分
POD 版
ISBN 978-626-7699-59-1(平裝)
1.CST: 經濟學 2.CST: 消費行為 3.CST: 飲食
550　　　　114010987

電子書購買

爽讀 APP

臉書

從早餐到晚餐，經濟學藏在你的每一餐：三餐之中藏著制度！從吃，看見經濟邏輯

作　　者：許澤暉
發 行 人：黃振庭
出 版 者：樂律文化事業有限公司
發 行 者：崧博出版事業有限公司
E - m a i l：sonbookservice@gmail.com
粉 絲 頁：https://www.facebook.com/sonbookss/
網　　址：https://sonbook.net/
地　　址：台北市中正區重慶南路一段 61 號 8 樓
8F., No.61, Sec. 1, Chongqing S. Rd., Zhongzheng Dist., Taipei City 100, Taiwan
電　　話：(02) 2370-3310　傳　　真：(02) 2388-1990
律師顧問：廣華律師事務所 張珮琦律師

-版權聲明-
本書作者使用 AI 協作，若有其他相關權利及授權需求請與本公司聯繫。
未經書面許可，不得複製、發行。

定　　價：450 元
發行日期：2025 年 08 月第一版
◎本書以 POD 印製
Design Assets from Freepik.com